Die besten Gratisprogramme

Jörg Schieb
Mirko Müller

Die deutsche Nationalbibliothek verzeichnet diese Publikation in der Deutschen Nationalbibliografie; detaillierte bibliografische Daten sind im Internet über http://dnb.d-nb.de abrufbar.

© 2008 by
Stiftung Warentest, Berlin
1. Auflage

Alle veröffentlichten Beiträge sind urheberrechtlich geschützt. Das gilt auch gegenüber Datenbanken und ähnlichen Einrichtungen. Die Reproduktion – ganz oder in Teilen – durch Nachdruck, fototechnische Vervielfältigung oder andere Verfahren – auch Auszüge, Bearbeitungen sowie Abbildungen – oder die Übertragung in eine von Maschinen, insbesondere Datenverarbeitungsanlagen verwendbare Sprache, oder die Einspeisung in elektronische Systeme bedarf der vorherigen schriftlichen Zustimmung des Verlages. Alle übrigen Rechte bleiben vorbehalten.

ISBN 978-3-86851-000-3

Liebe Leserin, lieber Leser,

„Was nichts kostet, ist auch nichts wert"? Von wegen! Das war vielleicht früher mal so. Heute können sich Computerbenutzer im Internet mit hervorragenden Programmen versorgen, die kostenlos auf dem eigenen PC genutzt werden dürfen – und das völlig legal. Wir wollen Ihnen hier zeigen, wie das geht.

Die Auswahl an Gratissoftware ist riesig. Es gibt viele ausgezeichnete Programme, die sich nicht hinter den kommerziellen Produkten zu verstecken brauchen. Oft muss der Benutzer nur auf Verpackung und Handbuch verzichten – die Software selbst aber ist einwandfrei, manchmal sogar überlegen. Gratissoftware gibt es für alle wichtigen Aufgabenbereiche: Ob Textverarbeitung oder Malprogramm, Firewall oder Virenschutz, Fotobearbeitung oder Tabellenkalkulation, Internetbrowser oder E-Mail-Client, Kalender oder Datenorganisation – es gibt praktisch kein Aufgabengebiet, für das man keine kostenlose Software findet. Doch wie sortiert man die echten Perlen aus dem gewaltigen Angebot heraus?

Dieser Ratgeber zeigt, worauf man bei Gratissoftware achten muss, und stellt langjährig bewährte Programme vor.

Schnell und sicher im Internet surfen — 7
Schneller surfen im Internet — 8
Nützliche Helfer für den Rechner — 12
Den Rechner mit einer Firewall schützen — 16
Viren und andere Schädlinge abwehren — 22
Datenschnüffler loswerden — 28
Weitere Gratisalternativen — 34

Texte, Tabellen und andere Office-Programme — 37
Die Messlatte: Microsoft Office — 38
OpenOffice, das kostenlose Komplettpaket — 40
Briefe schreiben mit OpenOffice Writer — 46
AbiWord — 58
Scribus Textgestaltung — 59
Tabellenkalkulation mit OpenOffice Calc — 60
Weitere Gratisalternative — 71

Foto- und Bildbearbeitung — 73
Die Messlatte: Adobe Photoshop und Photoshop Elements — 74
Fotos verwalten, bearbeiten und präsentieren mit Google Picasa — 75
Weitere Gratisalternativen — 97

Musik aufnehmen, verwalten und abspielen — 103
Die Messlatte: Magix MusicFinder und Nero — 104
Die Musikverwaltung von Windows — 105
Musik verwalten mit iTunes — 105
Musik verwalten mit Winamp — 116
CDs und DVDs brennen mit CDBurnerXP — 121
Weitere Gratisalternativen — 127

Inhalt 5

E-Mails schreiben und verwalten — 129
Die Messlatte: Microsoft Outlook — 130
Die E-Mail-Programme von Windows XP und Vista — 130
E-Mails schreiben mit Thunderbird — 132
Weitere Gratisalternativen — 142

Den Rechner organisieren und aufräumen — 145
Dateien finden mit Copernic Desktop Search — 146
Gelöschte Dateien retten mit Recuva — 152
Den Rechner aufräumen mit CCleaner — 156
Sicherheitskopien anlegen mit SyncBack — 158

Den Rechner schneller machen — 167
Die Messlatte: TuneUp Utilities — 168
Beschleunigen mit Bordmitteln — 168
Windows schneller machen mit TweakPower — 174

Spiele für den PC — 181
Die Messlatte: Kommerzielle Spiele — 182
Die Windows-Spiele Solitär und Co. — 184
Kostenlos spielen im Internet — 185

Stichwortverzeichnis — 188
Impressum — 192

Schnell und sicher im Internet surfen

Bei einem neuen Windows-Rechner ist der Browser (gesprochen: *Brauser*), das Anzeigeprogramm für Internetseiten, bereits mit an Bord. Internet Explorer heißt der Browser aus dem Hause Microsoft, und der bietet alle wichtigen Funktionen zum Surfen im Internet. Es gibt aber interessante Alternativen. Dieses Kapitel zeigt, welche kostenlosen Browser sich lohnen, wie sie bedient werden und warum sie besser sind als das Original. Natürlich darf beim Stöbern im Internet die Sicherheit nicht zu kurz kommen. Damit es schnell und sicher durchs Netz geht, rüsten Sie Ihren Computer mit kostenlosen Schutzprogrammen aus, die Angreifer, Viren und andere Schädlinge fernhalten.

Schneller surfen im Internet

Vor allem wegen seiner marktbeherrschenden Stellung ist der Internet Explorer leider das Haupteinfallstor für Viren, Würmer und andere Schädlinge. Zahlreiche Sicherheitslöcher erlauben es Hackern, über manipulierte Internetseiten auf den eigenen PC zuzugreifen, ihn zu manipulieren oder Daten auszuspionieren. Zwar stellt Microsoft regelmäßig Sicherheitsupdates zur Verfügung, die auch schnellstens installiert werden sollten, fast täglich werden aber neue Sicherheitslücken bekannt.

Zum Glück gibt es zahlreiche Alternativen, die ebenfalls kostenlos sind und teilweise in Sachen Funktionalität, Geschwindigkeit und vor allem Sicherheit dem Internet Explorer weit überlegen sind. Die alternativen Browser sind auch nicht fehlerfrei und weisen ebenfalls zum Teil eklatante Sicherheitslücken auf. Dass bei den alternativen Browsern weniger passiert, liegt oft nur daran, dass sich die Mehrzahl der Angreifer auf die Lücken des weit verbreiteten Internet Explorers statt auf die der Nischenprodukte stürzt – dort ist die Chance, ein Opfer zu finden, einfach höher. Daher gilt es auch bei alternativen Browsern, stets die neuesten Sicherheitsaktualisierungen zu installieren.

Den alternativen Browser Firefox installieren

Besonders beliebt ist der Browser Firefox. Er stellt die Internetseiten schneller dar als der Internet Explorer und verwöhnt mit vielen nützlichen Funktionen wie intelligenten Lesezeichen und individuellen Druckfunktionen.

So geht's: Den alternativen Browser Firefox können Sie folgendermaßen parallel zum bereits vorhandenen Internet Explorer installieren:

Schnell und sicher im Internet surfen 9

❶ Starten Sie den Internet Explorer (*Start | Alle Programme | Internet Explorer*), und rufen Sie die Internetseite www.mozilla.com auf.
❷ Klicken Sie auf *Download Firefox*.
❸ Anschließend klicken Sie auf die Schaltfläche *Ausführen*, um die Installationsdateien herunterzuladen. Sobald der Ladevorgang abgeschlossen ist, klicken Sie erneut auf *Ausführen*.
❹ Folgen Sie den Anweisungen des Installationsassistenten, um die Installation abzuschließen.

Wenn Sie Firefox das erste Mal installieren, werden automatisch die Einstellungen aus dem Internet Explorer importiert. Dazu gehören alle Favoriten, Cookies und sogar gespeicherte Passwörter. Über den Befehl *Datei | Importieren* ist der Import auch jederzeit nachträglich möglich.

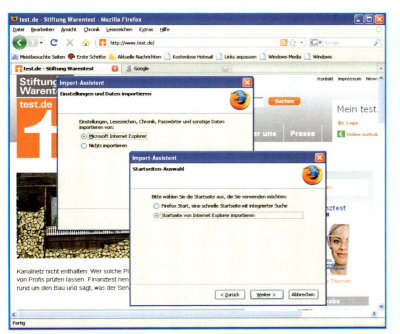

Nahtloser Wechsel: Beim ersten Start übernimmt der Firefox-Browser die bisherigen Einstellungen des Internet Explorers.

Das Standard-Internetprogramm festlegen

Wenn Sie den Firefox-Browser installieren, müssen Sie dem Internet Explorer auch nicht gleich den Rücken kehren. Sie können problemlos mehrere Browser installieren und parallel damit arbeiten. Der Internet Explorer bleibt weiterhin auf dem PC – eine Rückkehr ist also jederzeit möglich.

So geht's: Wenn mehrere Browser auf dem PC installiert sind, können Sie selbst festlegen, welcher Browser Ihr Lieblingsbrowser sein soll. Das geht folgendermaßen:

❶ Öffnen Sie die Systemsteuerung mit dem Befehl *Start | Systemsteuerung*.

❷ Bei Windows XP klicken Sie auf *Software* und wechseln in das Register *Programmzugriff und -standards festlegen*. Anschließend klicken Sie auf *Benutzerdefiniert* und markieren im Feld *Wählen Sie einen Standardwebbrowser aus* Ihren Lieblingsbrowser, zum Beispiel Firefox. Schließen Sie das Dialogfenster mit *OK*.

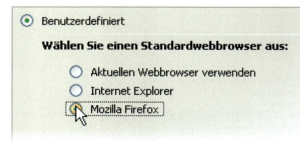

❸ Ist auf Ihrem Computer Windows Vista installiert, klicken Sie in der Systemsteuerung auf *Programme* und dann auf *Standardprogramme festlegen*. Anschließend klicken Sie in der Liste auf den gewünschten Standardbrowser, etwa Firefox, und anschließend auf *Dieses Programm als Standard festlegen*.

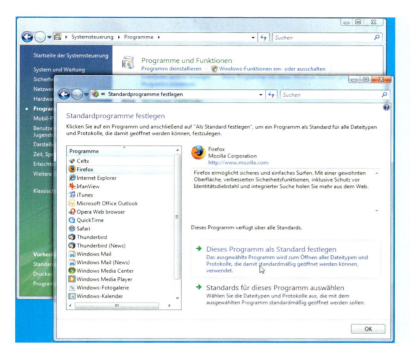

Sind mehrere Browser installiert, bestimmen Sie in der Systemsteuerung, welcher Ihr Lieblingsbrowser sein soll.

Weitere Browser-Alternativen

Neben dem Firefox gibt es weitere interessante Browser mit ähnlich praktischen Zusatzfunktionen. Die sind zwar nicht so verbreitet wie Firefox – ausprobieren lohnt sich aber immer.

- **Opera**

  www.opera.com

  Sehr komfortabel und schnell ist Opera aus Norwegen. Dieser Browser ist ebenfalls mit wenigen Mausklicks installiert und glänzt mit tollen Funktionen wie den Widgets. Das sind kleine Minianwendungen wie Nachrichtenticker, Wetterberichte, Spiele oder Webradio.

- **Safari**

  www.apple.com/de/safari

  Der alternative Browser Safari von Apple präsentiert sich mit einer schlichten und schnörkellosen Oberfläche. Auch Safari

Auf Wunsch lässt sich der Browser Opera um kleine Minianwendungen (Widgets) wie Uhr oder Wetterbericht erweitern.

stellt die Internetseiten schneller dar als der Internet Explorer und bietet interessante Funktionen wie das automatische Ausfüllen von Formularen oder *SnapBack*, um rasch zu einer bestimmten Internetseite zurückzukehren. Sehr praktisch ist der Befehl *Privates Surfen* zum Schutz der Privatsphäre. In diesem Modus verzichtet Safari auf das Speichern von Internetadressen, Formulareingaben und anderen digitalen Fußspuren.

Apples Browser Safari ist eine schnelle und sichere Alternative für das Surfen im Internet.

Nützliche Helfer für den Rechner

Wer regelmäßig im Internet unterwegs ist, wird schnell merken, dass die Bordmittel von Windows zwar für die ersten Gehversuche im World Wide Web ausreichen, aber schnell an ihre Grenzen stoßen. Für zahlreiche Internetseiten und Anwendungen ist Zusatzsoftware nötig. Erst damit wird die Tour durchs Internet zum Vergnügen. Nur mit den passenden Erweiterungen können Sie zum Beispiel Bücher und andere Dokumente am PC lesen, Sudoku und andere packende Spiele am Bildschirm spielen oder Videos genießen. Folgende nützliche Helfer sollten auf keinem Internet-PC fehlen:

Adobe Reader

Auf vielen Internetseiten finden Sie Dokumente im PDF-Format, zum Beispiel Anleitungen, Prospekte, aber auch komplette Bücher. Damit Sie die PDF-Dokumente lesen können, brauchen Sie den Adobe Reader. Sie finden das Gratisprogramm auf der Internetseite www.adobe.com/de/products/acrobat/readstep2.html.

Tipp: Zusätze sind nicht nötig. Auf der Downloadseite des Adobe Readers bietet Ihnen Adobe weitere Programme wie die Google-Leiste für den Internet Explorer an. Diese Zusätze sind aber nicht unbedingt notwendig. Es empfiehlt sich dann, das entsprechende Kontrollkästchen auszuschalten, um lediglich den Adobe Reader herunterzuladen.

Die Benutzung des Programms ist denkbar einfach: Wenn Sie im Internet eine PDF-Datei anklicken – oft zu erkennen am Zusatz „.pdf" –, startet Windows automatisch den Adobe Reader und stellt das PDF-Dokument im Reader-Fenster dar. Mitunter erscheint das PDF-Dokument auch gleich im Fenster des Internet Explorers.
Hierzu wendet der Adobe Reader einen Trick an: Statt ein neues Adobe-Reader-Fenster zu öffnen, blendet er das Dokument direkt in das Browserfenster ein. Das funktioniert auch beim alternativen Browser Firefox. Sie erkennen das an der zusätzlichen Symbolleiste, die dabei zu sehen ist.

Sieht aus wie eine Internetseite, ist aber ein PDF-Dokument: Bei vielen PDF-Dateien wird das Dokument direkt im Fenster des Internet Explorers eingeblendet.

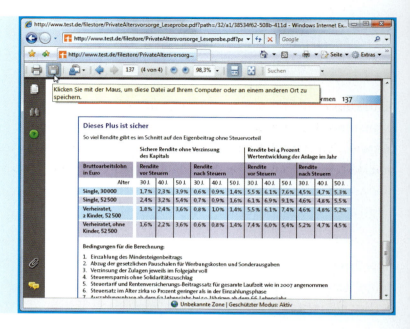

PDF-Dateien selbst erstellen

Mit Bordmitteln von Windows ist es nicht möglich, eigene PDF-Dateien zu erstellen. Das passende Werkzeug hierzu lässt sich aber rasch nachinstallieren. Eines der beliebtesten kostenlosen Programme zum Erstellen eigener PDF-Dateien ist CIB pdf brewer, das Sie auf der Internetseite www.cib.de/deutsch/products/pdfplugin/download.asp herunterladen können. Die Bedienung ist einfach: Um aus einer beliebigen Anwendung ein PDF-Dokument zu erzeugen, rufen Sie den Befehl *Drucken* auf und wählen als Drucker den Eintrag *CIB pdf brewer*. Das Dokument wird dann nicht auf einem Drucker, sondern in eine Datei gedruckt. Das Ergebnis ist ein neues Dokument im PDF-Format, das Sie per E-Mail versenden und abspeichern können.

VLC Media Player

Für die Wiedergabe von Videofilmen benötigen Sie einen sogenannten Media Player (Medienabspieler). Bei Windows XP und Vista ist mit dem Windows Media Player zwar bereits von Hause aus ein Abspielprogramm an Bord, es kann allerdings nicht alle Videoformate wiedergeben. Bei vielen Videoformaten wie DivX erscheint nur ein schwarzes Bild. Das kann mit dem Abspielprogramm VLC (www.videolan.org/vlc/) nicht passieren. Das Gratisprogramm kommt mit allen gängigen Videoformaten zurecht und bietet interessante Zusatzfunktionen wie das Streamen (Übertragen) von Videos im eigenen Netzwerk.

Apple QuickTime

Auch kurze Videofilme in Apples Videoformat Quicktime sind im Internet zu finden. Die passende Software zum Betrachten dieser Filme erhalten Sie kostenlos auf der Internetseite www.apple.com/de/quicktime/download.

Flash und Shockwave

So macht das Web Spaß: Viele kleine Spielchen für zwischendurch warten auf Sie im Internet. Spielspaß gibt es aber nur, wenn die Zusatzsoftware Flash und Shockwave installiert ist. Auch Flash und Shockwave gibt es kostenlos; beides sollte heute auf keinem modernen PC fehlen, weil bereits viele Internetseiten Flash voraussetzen. Es ist nicht lebensnotwendig, macht das Surfen aber oft angenehmer. Auch gibt es viele Anbieter, etwa Spiegel Online und den WDR, die Tondokumente und Filmbeiträge im Flashformat anbieten. Das bedeutet: Nur wer Flash installiert hat, kann sich diese Filme anschauen oder Wortbeiträge anhören. Das Zusatzprogramm Flash finden Sie auf der Internetseite www.adobe.com/de/

products/flashplayer, die Erweiterung Shockwave auf der Internetseite www.adobe.com/shockwave/download.

RealPlayer

Musik ist aus dem Internet gar nicht mehr wegzudenken. Viele Internetseiten setzen dabei auf das Real-Format. Radiosender bieten in diesem Format zum Beispiel Livestreams – Echtzeit-Mitschnitte – ihrer Sendungen an. So können Sie auch ohne Radiogeräte mit dem Internet-PC Ihren Lieblingssender hören. Allerdings geht das wieder nur, wenn der passende Player, das entsprechende Abspielprogramm, installiert ist. Um in den Genuss von Radiosendungen und anderen Real-Audiodateien zu gelangen, müssen Sie zunächst den RealPlayer installieren. Den erhalten Sie kostenlos von der Internetseite germany.real.com/player/win (ohne „www."). Klicken Sie im linken Bereich der Internetseite auf *RealPlayer kostenlos herunterladen*.

Achtung: Zwei Versionen. Vom RealPlayer gibt es zwei Versionen: eine kostenpflichtige Version namens RealPlayer Plus und eine Gratisversion namens RealPlayer Basic. Für den Heimbereich reicht die kostenlose Variante vollkommen aus.

Den Rechner mit einer Firewall schützen

Schutzlos im Internet surfen ist wie Autofahren ohne Sicherheitsgurt: Die Reise *kann* gut gehen, im Falle eines Falles sind die Folgen aber verheerend. Die Firewall (Feuerschutzwand) ist praktisch der Sicherheitsgurt des Internetrechners. Bei Windows ist zwar von Hause aus ein Schutzprogramm integriert, es bietet aber nur einen gewissen Grundschutz. Sicherer und komfortabler sind Firewall-Programme von Profis. Die Schutzprogramme gibt es gratis im Netz, und sie lassen sich schnell nachrüsten.

Die Messlatte: Komplettpakete

Gute Schutzprogramme gegen Viren, Trojaner, Adware und Spam (E-Mail-Werbung) gibt es kostenlos im Internet. Bei den Gratisprogrammen muss allerdings für jede Gefahr eine andere Schutzsoftware installiert werden. Das ist generell kein Problem, nimmt allerdings etwas Zeit in Anspruch, da jedes Programm manuell eingerichtet werden muss.

Mit Komplettpaketen wie Kaspersky Internet Security schützen Sie Ihren Rechner mit nur einem einzigen Paket vor allen Internetgefahren – allerdings kosten die Programme zwischen 40 und 70 Euro und müssen jedes Jahr neu erworben werden.

Wer sich die Arbeit sparen und Firewall, Virenscanner, Antispyware und Spamschutz nicht einzeln installieren möchte, kann auch Komplettpakete verwenden. Viele Softwarehersteller haben interessante Sicherheitspakete geschnürt, die für rund 40 bis 70 Euro alle wichtigen Schutzfunktionen

unter einem Dach vereinen. Zu den besten Rundum-sorglos-Paketen gehören folgende Komplettangebote:
- **G Data TotalCare** (www.gdata.de, circa 45 Euro)
- **Norton 360** (www.symantec.com/de/de/norton/360, circa 70 Euro)
- **Kaspersky Internet Security** (www.kaspersky.com/de, circa 40 Euro)

Wie Sie sich mit Gratisprogrammen vor allen Internetgefahren schützen, erfahren Sie auf den folgenden Seiten.

Sicher surfen mit der kostenlosen Firewall ZoneAlarm Free

Ohne eine Firewall ist der Rechner so anfällig wie ein Haus oder eine Wohnung ohne Tür. Fremde und ungebetene Gäste können ungehindert eindringen, sich umschauen, Sachen mitnehmen oder mutwillig zerstören. Daher gehört eine Firewall (Feuerschutzwand) zur Grundausstattung jedes Computers.

Die Firewall arbeitet wie ein Türsteher. Jedes Datenpaket aus dem Internet wird zunächst einer gründlichen Überprüfung unterzogen. Untersucht wird vor allem, ob sich nicht heimlich ein Stück schädliche Software in den PC mogeln möchte oder ein direkter Angriff auf den PC stattfindet. Nur wenn die Firewall grünes Licht gibt, wird das Datenpaket durchgelassen.

Bei Windows ist von Hause aus eine Firewall mit an Bord, die für einen ordentlichen Grundschutz reicht. Neben der Windows-eigenen Firewall gibt es interessante Alternativen. Gegenüber der Windows-Firewall bietet ZoneAlarm Free weitere Komfortfunktionen wie ausführliche Sicherheitsberichte und detaillierte Statusanzeigen.

ZoneAlarm installieren und einrichten

Wenn Sie die kostenlose Firewall ZoneAlarm installieren, wird die Windows-eigene Firewall automatisch deaktiviert und durch die neue Gratisfirewall ersetzt. Die Installation und Einrichtung von ZoneAlarm dauern nur wenige Minuten.

So geht's: Gehen Sie folgendermaßen vor, um das kostenlose Schutzprogramm ZoneAlarm zu installieren:

❶ Starten Sie den Internet Explorer (*Start* | *Alle Programme* | *Internet Explorer*) oder einen anderen Internetbrowser, und rufen Sie die Internetseite www.zonealarm.com auf.

❷ Klicken Sie in der linken Navigationsspalte auf *Home und Homeoffice* sowie den letzten Eintrag *ZoneAlarm*.

❸ Anschließend klicken Sie in der rechten Spalte auf *Jetzt herunterladen* sowie auf *Kostenlose Version von ZoneAlarm herunterladen*.

❹ Klicken Sie auf *Ausführen*, um die Installationsdateien herunterzuladen. Sobald der Ladevorgang abgeschlossen ist, klicken Sie erneut auf *Ausführen*.

❺ Folgen Sie den Anweisungen des Installationsassistenten, um die Installation abzuschließen.

❻ Beim ersten Start erscheint der Konfigurationsassistent. Wählen Sie hier den Eintrag *Computer prüfen (empfohlen)*, und klicken Sie auf *Weiter*. Klicken Sie auf *Fertig*, um die Installation abzuschließen und den Rechner neu zu starten.

Ab dem nächsten Windows-Start ist Ihr Rechner vor direkten Angriffen geschützt. ZoneAlarm geht dabei nach einem simplen Prinzip vor: Um einen größtmöglichen Schutz zu gewährleisten, ist grundsätzlich alles verboten, was nicht explizit erlaubt ist. Sobald ein unbekanntes Programm versucht, auf das Internet zuzugreifen, oder von außen ein unerlaubter

Zugriff stattfindet, wird die Verbindung unterbrochen, und es erscheint eine Warnmeldung. Hier entscheiden Sie über die Schaltflächen *Zulassen* und *Verweigern*, ob Sie den Zugriff gestatten oder nicht. Im Warnfenster erhalten Sie ausführliche Zusatzinformationen sowie Empfehlungen, ob das Programm vertrauenswürdig ist oder nicht. Generell sollten Sie den Zugriff nur gestatten, wenn Sie das Programm kennen und der Anwendung vertrauen. Im Zweifelsfall entscheiden Sie sich für die Schaltfläche *Verweigern*.

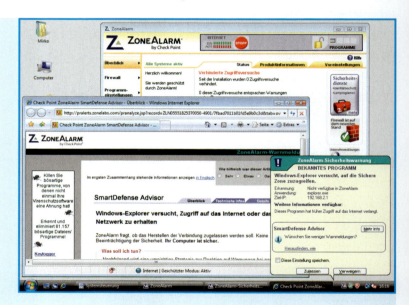

Bei unerlaubten Zugriffen auf das Internet erscheint eine Warnmeldung. Hier erkennen Sie, um welches Programm es sich handelt und ob es eine bekannte oder unbekannte Anwendung ist. Der Smart-Defense Advisor gibt Ratschläge, welche Firewall-Einstellung empfehlenswert ist.

Den aktuellen Status der Firewall erkennen Sie in der Taskleiste. Klicken Sie doppelt auf das ZoneAlarm-Symbol, um eine Übersichtsseite einzublenden. Hier erkennen Sie den derzeitigen Status und können über die Schaltfläche *Stopp* im Notfall gleich den gesamten Datenverkehr unterbrechen.

Schnell und sicher im Internet surfen

Die Rubriken *Firewall* und *Programmeinstellungen* zeigen die aktuellen Einstellungen des Schutzprogramms. Über die Schieberegler, die Register *Zonen* und *Programme* sowie die Schaltflächen *Erweitert* und *Benutzerdefiniert* nehmen Sie individuelle Einstellungen an der Firewall vor. Profis konfigurieren hier die Firewall bis ins kleinste Detail selbst. Hier können Sie zum Beispiel für jedes Programm festlegen, ob der Internetzugriff gestattet wird oder nicht. In der Regel müssen Sie hier aber keine Änderungen vornehmen. PC-Laien übernehmen am besten unverändert die voreingestellten Werte.

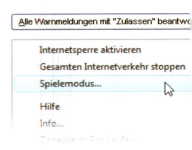

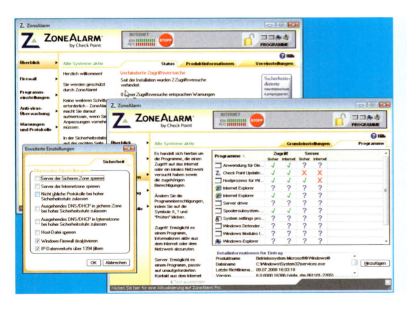

Erfahrene Anwender können ZoneAlarm individuell konfigurieren. Das ist aber nicht zwingend notwendig. PC-Laien sollten die voreingestellten Werte unverändert übernehmen.

Weitere gute kostenlose Firewalls

Neben ZoneAlarm gibt es im Internet weitere interessante Gratisalternativen, die zum Teil selbst professionellen Ansprüchen genügen. Einen guten Schutz vor direkten Angriffen bieten zum Beispiel die folgenden Firewalls:

- **Sunbelt Personal Firewall**

  www.sunbelt-software.com/Kerio.cfm

  Auch die Gratisfirewall Sunbelt Personal Firewall bietet einen guten Schutz. Das Installationsprogramm startet zwar in englischer Sprache, die Benutzerführung erfolgt nach der Installation aber auf Deutsch. Zur Konfiguration haben Sie die Wahl zwischen einfachem und fortgeschrittenem Modus.

- **Ashampoo Firewall Free**

  www.ashampoo.de

  Die Ashampoo Firewall Free eignet sich vor allem für Laien, die den Rechner möglichst unkompliziert absichern und nicht durch Warnfenster unterbrochen werden möchten. Im Easy-Modus (Einfach-Modus) verzichtet das Programm fast komplett auf Warnfenster. Profis können die Firewallregeln im Expertenmodus individuell anpassen.

Die Gratisfirewall Ashampoo Firewall Free verzichtet im Easy-Modus auf störende Warnfenster.

Viren und andere Schädlinge abwehren

Auf Platz eins der potenziellen Angriffe auf den eigenen PC stehen Viren. Der Name ist gut gewählt. Ein Computervirus ähnelt tatsächlich seinem biologischen Vorbild. Computerviren liegen zwar nur in digitaler Form vor, nutzen aber ebenfalls den Wirt – hier den PC – und schädigen ihn. Computerviren sind kleine Programme, die über manipulierte E-Mails oder Internetseiten den Weg in den PC finden. Oft erfolgt ein Virenbefall zunächst unbemerkt. Das Gemeine: Im Computervirus sind Schadfunktionen eingebaut, die Programme beeinträchtigen, Daten manipulieren oder Teile der Festplatte löschen. Und sie vermehren sich ebenfalls unkontrolliert. Wie viele Computerviren genau existieren, lässt sich nur schätzen. Bekannt sind derzeit über 100 000 Viren, vornehmlich für Windows-PCs. Aber auch Viren für Mac- und Linux-Computer sind im Umlauf. Daher gilt: Kein Computer sollte ohne Antivirenprogramm ins Internet.

Onlineprüfprogramme für den Test zwischendurch

Falls auf Ihrem Computer noch kein Virenschutzprogramm installiert ist, können Sie auch ohne Softwareinstallation eine Überprüfung vornehmen. Der Antivirenspezialist Bitdefender stellt hierzu einen praktischen Onlinevirenscanner zur Verfügung. Die Überprüfung erfolgt dann über ein spezielles Internetprogramm.

So geht's: Um den Computer – praktisch für eine schnelle Untersuchung zwischendurch – online auf Virenbefall zu überprüfen, gehen Sie folgendermaßen vor:

❶ Starten Sie den Internet Explorer (*Start* | *Alle Programme* | *Internet Explorer*) oder einen anderen Internetbrowser, und rufen Sie die Internetseite www.bitdefender.de auf.

❷ Klicken Sie auf *BitDefender Online Scanner*.

❸ Um die Nutzungsbedingungen zu akzeptieren, klicken Sie auf *Ich bin einverstanden*.

❹ Am oberen Rand der Seite erscheint eine gelbe Leiste. Klicken Sie auf diese Leiste, und wählen Sie den Befehl *ActiveX-Steuerelement installieren*. Bestätigen Sie den folgenden Sicherheitshinweis mit einem Klick auf *Fortsetzen* und *Installieren*.

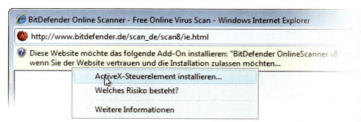

❺ Klicken Sie auf *Start Scan*. Anschließend prüft das Online-Virenschutzprogramm über das Internet Ihren PC auf alle bekannten Viren und Trojanischen Pferde. Um die aktuellen Vireninformationen brauchen Sie sich keine Gedanken zu machen, da automatisch auf die neuesten Vireninformationen der Bitdefender-Datenbank zurückgegriffen wird.

Mit einem Online-virenscanner lassen Sie Ihren PC online über die Internetseite von Bitdefender auf Virenbefall untersuchen.

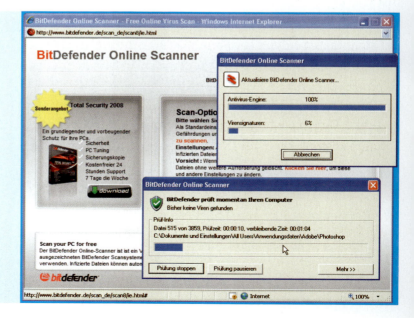

Weitere gute Onlinevirenscanner finden Sie auf folgenden Internetseiten:
- **Trend Micro HouseCall**
www.housecall.de
- **Kaspersky Online-Scanner**
www.kaspersky.com/de/virusscanner
- **Panda Active-Scan**
www.pandasecurity.com/activescan
- **Symantec Security Check**
security.symantec.com/sscv6/default.asp?langid=ge (ohne „www.")
- **Windows Live One Care Safety Scanner**
onecare.live.com/standard/de-de (ohne „www.")

Den Rechner sauber halten mit dem Gratisprogramm AntiVir

Um Ihren Rechner dauerhaft vor Viren, Trojanern, Würmern und anderen Schädlingen zu schützen, sollten Sie den Computer mit einem kostenlosen Antivirusprogramm aufrüsten. Zu den besten und beliebtesten Gratisvirenscannern zählt AntiVir der Firma Avira GmbH. Das Profiprogramm ist allerdings nur bei privater Nutzung kostenlos.

So geht's: Gehen Sie folgendermaßen vor, um Ihren Rechner mit dem kostenlosen Virenschutzprogramm AntiVir zu schützen:

❶ Starten Sie den Internet Explorer (*Start* | *Alle Programme* | *Internet Explorer*) oder einen anderen Internetbrowser, und rufen Sie die Internetseite www.free-av.de auf.

❷ Klicken Sie auf *Kostenfreies AntiVir downloaden* sowie einen der angebotenen Downloadlinks, zum Beispiel von *Chip online*.

❸ Im Downloadfenster klicken Sie auf *Ausführen*, um direkt nach dem Herunterladen mit der Installation zu beginnen.
❹ Folgen Sie den Anweisungen des Installationsassistenten, um die Installation abzuschließen.
❺ Nach der Installation fragt das Programm, ob Sie ein Update (eine Aktualisierung) durchführen möchten. Beantworten Sie die Frage mit *Ja*, um auch vor den neuesten Viren geschützt zu sein. Bei der Aktualisierung werden die Virendatenbanken des Programms über das Internet auf den neuesten Stand gebracht. Um weitere Aktualisierungen müssen Sie sich nicht kümmern; AntiVir bringt die Virendatenbank und das Programm automatisch alle 24 Stunden auf den neuesten Stand.

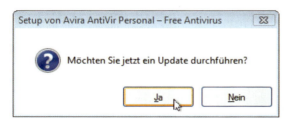

Nach der Aktualisierung beginnt der Virenscanner direkt mit der Arbeit und überwacht den Computer, erkennbar am kleinen Regenschirmsymbol in der Taskleiste. Ihr Computer wird automatisch rund um die Uhr bewacht. Sollte dem Schutzprogramm etwas verdächtig vorkommen, erscheint eine Warnmeldung.

Der Virenwächter achtet jedoch nur darauf, dass sich keine neuen Viren einnisten. Um auch die bereits vorhandenen Dateien Ihres Rechners auf möglichen Virenbefall zu überprüfen, sollten Sie alle Festplatten checken. Rechnen Sie aber damit, dass der Rechner dafür längere Zeit braucht, wenn Sie den Suchvorgang gestartet haben! Klicken Sie für die Überprüfung mit der rechten (!) Maustaste auf das Regenschirmsymbol, und rufen Sie den Befehl *AntiVir starten* auf. Mit einem Klick auf *System jetzt prüfen* nimmt der Virenscanner alle lokalen Laufwerke und den Arbeitsspeicher unter die Lupe. Je nach Größe der Festplatten dauert der Vorgang zwischen einer und 60 Minuten.

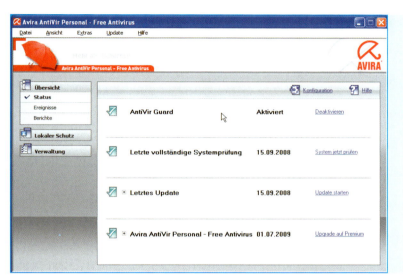

Gute kostenlose Virenscanner wie Avira AntiVir Personal erhalten Sie im Internet kostenlos.

Weitere kostenlose Virenschutzprogramme

Mit dem kostenlosen Virenscanner Avira AntiVir Personal ist Ihr Rechner sehr gut vor Viren und anderen Schädlingen geschützt. Ein weiteres gutes Gratisprogramm ist Avast Home Edition (www.avast.de/index.php/avast-Home-Edition.html). Beide Programme haben allerdings einen Nachteil: Sie können keine eingehenden E-Mails auf Viren prüfen. Der Virenschutz beginnt erst, wenn der Anhang der E-Mails als Datei auf die Festplatte gespeichert wird. Wenn Sie auch das E-Mail-Postfach überwachen möchten, können Sie alternativ einen Virenscanner inklusive E-Mail-Schutz wählen. Eine gute kostenlose Antivirenlösung mit integriertem E-Mail-Scanner ist AVG Free Edition von Grisoft (free.grisoft.com, ohne

„www."). Leider gibt es dieses Programm nur in englischer Sprache.

Achtung: Nicht mehrere Antivirenprogramme gleichzeitig.
Aufgepasst: Sie sollten immer nur ein Antivirenprogramm installieren. Die Nutzung mehrere Antivirenlösungen parallel ist nicht ratsam. Meist kommen sich die Virenscanner dann nur gegenseitig ins Gehege und produzieren Falschmeldungen. Daher unser Rat: Wenn Sie einen anderen Virenschutz installieren möchten, sollten Sie zuerst das bisher installierte Virenschutzprogramm deinstallieren und erst dann die neue Lösung installieren.

Datenschnüffler loswerden

Neben Viren, die gezielt Dateien löschen oder manipulieren, gibt es Schnüffelprogramme, die heimlich Ihren Rechner ausspionieren. Im Fachjargon werden die Schnüffler auch Spyware (Spionagesoftware) genannt. Der Name ist gut gewählt: Wie ein gegnerischer Spion schleichen sich die Datenschnüffler heimlich in den Rechner und agieren hinter den Kulissen. Dort sammeln sie Informationen und schicken sie in aller Stille über das Internet an die Auftraggeber. Die Bandbreite der ergaunerten Informationen reicht von harmlosen Nutzerprofilen bis zu Kennwörtern für E-Mail-Postfächer.
In den Rechner gelangen die Schnüffelprogramme durch die Hintertür. Und meist werden sie vom Anwender selbst installiert: Bei vielen kostenlosen Programmen, die im Internet zum Herunterladen angeboten werden oder auf CDs und DVDs von Fachzeitschriften beiliegen, reisen die Spionageprogramme huckepack mit den eigentlichen Hauptprogrammen.

Wer das Hauptprogramm installiert, richtet auch gleich das mitgereiste Spionageprogramm auf dem Rechner ein. Zum Glück gibt es passende Gegenmittel.

Um den Rechner vor Spyware, Adware und anderen lästige Spitzeln zu schützen, können Sie Ihren Rechner mit einem Antispywareprogramm nachrüsten. Das Schutzprogramm durchforstet die Festplatte und den Arbeitsspeicher nach verdächtigen Spionageprogrammen und entfernt sie wieder vom Rechner.

Den Rechner mit Spybot Search & Destroy schützen

Zu den besten kostenlosen Antischnüffelprogrammen gehört Spybot Search & Destroy (frei übersetzt: Spione suchen und vernichten). Das Programm macht den Schnüfflern den Garaus und sorgt dafür, dass sich keine neuen Spione einnisten.

So geht's: Gehen Sie folgendermaßen vor, um mit Spybot Search & Destroy Schnüffelsoftware ausfindig zu machen und den Rechner gegen neue Angriffe zu immunisieren:

❶ Starten Sie den Internet Explorer (*Start | Alle Programme | Internet Explorer*) oder einen anderen Internetbrowser, und rufen Sie die Internetseite www.safer-networking.org/de auf. Klicken Sie anschließend auf *Herunterladen*.

❷ Klicken Sie im Bereich Herunterladen auf *Spybot – Search & Destroy* und *Hier herunterladen*. Im nächsten Fenster klicken Sie auf *Ausführen*.

❸ Folgen Sie den Anweisungen des Installationsassistenten, um die Installation abzuschließen. Nach der Installation müssen Sie den Computer neu starten, um den Schutz zu aktivieren.

❹ Nach dem Neustart von Windows starten Sie Spybot –

Search & Destroy, indem Sie auf die Start-Schaltfläche klicken und den Befehl *Alle Programme* | *Spybot – Search & Destroy* | *Spybot – Search & Destroy* aufrufen.

Beim ersten Start erscheint der Konfigurationsassistent. Klicken Sie auf die Schaltfläche *Sicherung anlegen*, um eine Sicherheitskopie der aktuellen Computerkonfiguration anzufertigen. Anschließend klicken Sie auf *Weiter* und *Programm nutzen*.

❺ Da täglich neue Spywarevarianten entdeckt werden, sollten Sie im ersten Schritt das Programm sowie die interne Spywareliste auf den neuesten Stand bringen. Das ist wichtig, da Spybot Search & Destroy nur dann erfolgreich gegen Schnüffler vorgehen kann, wenn es seine Gegner genau kennt. Die Aktualisierung können Sie wahlweise manuell herunterladen oder die Arbeit automatisch erledigen lassen. Empfehlenswert ist eine manuelle Aktualisierung direkt nach der Installation. Klicken Sie hierzu auf *Suche nach Updates*.

Wählen Sie anschließend einen Aktualisierungsserver aus, zum Beispiel das *FreewareArchiv*. Im nächsten Fenster sollten Sie alle Einträge ankreuzen und anschließend auf *Herunterladen* klicken.

❻ Im nächsten Schritt sollten Sie Spybot Search & Destroy so konfigurieren, dass es bei jedem Programmstart automatisch nach Aktualisierungen sucht. Wechseln Sie mit dem Befehl *Modus* | *Erweiterter Modus* in den Profimodus. Anschließend wechseln Sie in das Register *Einstellungen* und klicken erneut auf *Einstellungen*. Kreuzen Sie im Bereich *Web-Aktualisierung* die Kontrollkästchen *Bei Programmstart nach neuen Versionen suchen* an. Die Programmdateien und

Spywaredatenbanken werden jetzt automatisch bei jedem Programmstart auf den neuesten Stand gebracht.

❼ Sobald das Programm konfiguriert ist, können Sie mit der Suche nach Schnüffelprogrammen beginnen. Hierzu klicken auf die Schaltfläche *Überprüfen*. In der Statuszeile am unteren Fensterrand erkennen Sie, wie weit der Prüfvorgang bereits abgeschlossen ist. Je nach Festplattengröße dauert eine Komplettprüfung zwischen einer und circa 20 Minuten.
Im Prüfbericht sind alle Spywarekomponenten aufgelistet, die heimlich installiert wurden. Die Farben kennzeichnen die potenzielle Gefahr. Rot markierte Einträge sind gefährliche Schnüffelprogramme, die den Computer ausspionieren, oder andere entdeckte Sicherheitslöcher. Bei grünen Einträgen handelt es sich um harmlose Daten, die auf dem Rechner verbleiben können. Es schadet aber nicht, auch diese zu entfernen.

❽ Markieren Sie die Schnüffler, die Sie entfernen möchten, und klicken Sie auf *Markierte Probleme beheben*. Bestätigen Sie die Sicherheitsabfrage mit *Ja*.

Info: Spyware und Hauptprogramm können fest verknüpft sein. Mit Spybot Search & Destroy lassen sich die gefundenen Eindringlinge problemlos löschen. Nur in seltenen Fällen kommt es dabei zu Problemen. Wenn Schnüffelprogramm und Hauptprogramm, mit dem der Schnüffler huckepack gereist ist, fest verknüpft sind, lässt sich unter Umständen durch das Entfernen der Spyware auch das Hauptprogramm nicht mehr nutzen. Über die Schaltfläche *Wiederherstellen* können Sie in diesem Fall die Änderungen von Spybot Search & Destroy wieder rückgängig machen. Besser ist es jedoch, auf die mit Spyware „verseuchte" Software zu verzichten und auf andere Lösungen umzusteigen.

Spybot Search & Destroy ist mit einer praktischen Funktion ausgestattet, die sicherstellt, dass neue Schädlinge und Schnüffelprogramme erst gar nicht auf den Rechner gelangen. Mit der Funktion *Immunisieren* impfen Sie Windows gegen neuen Spywarebefall.

Mit einem Mausklick auf Markierte Probleme beheben entfernt Spybot Search & Destroy alle gefundenen Schnüffelprogramme vom Rechner.

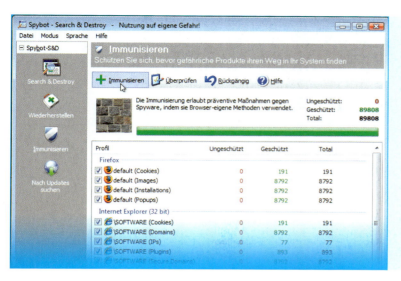

Die Funktion Immunisieren impft den Rechner gegen über 100 000 bekannte Spionageprogramme aus dem Internet.

Um den Präventivschutz zu aktivieren, klicken Sie auf die Schaltfläche *Immunisieren*. Auf der Übersichtsseite sind alle „Impfstoffe" aufgeführt, die Sie anwenden können. Für einen bestmöglichen Schutz lassen Sie alle Kontrollkästchen angekreuzt und klicken erneut auf *Immunisieren*. Der Computer wird damit vor knapp 100 000 bekannten Spywarekomponenten geschützt.

In der Spalte *Geschützt* erkennen Sie, welche Schutzmaßnahmen erfolgreich aktiviert wurden. Das Programm sperrt zum Beispiel alle Internetseiten, die auf der schwarzen Liste stehen und dafür bekannt sind, Spyware auf dem Rechner zu installieren. Zusätzlich werden gefährliche Internetseiten blockiert und die Sicherheitseinstellungen des Internet Explorers angepasst. Sollte ein Spionageprogramm versuchen, über eine Hintertür in den Rechner zu gelangen, wird die Installation sofort unterbrochen.

Weitere Gratisalternativen

Im Gegensatz zu Antivirenprogrammen, von denen immer nur eines auf dem Rechner installiert sein soll, können Sie bei Antispywareprogrammen auch mehrere gleichzeitig einsetzen. Hier gilt das Motto: Vier Augen sehen mehr als zwei. Zu den besten Gratisalternativen gehören folgende Antispywareprogramme:

- **Windows Defender**

  www.microsoft.com/germany/athome/security/spyware/software

  Kostenlosen Schutz gegen Spyware gibt es auch von Microsoft, dem Hersteller des Betriebssystems Windows. Bei Windows Vista ist Windows Defender (frei übersetzt: Windows-Verteidiger) bereits standardmäßig installiert. Nutzer von Windows XP können das Schutzprogramm kostenlos von der Microsoft-Internetseite herunterladen.

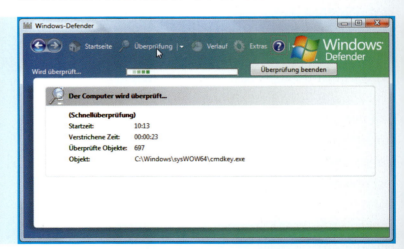

Windows Defender gehört zur Standardausstattung von Windows Vista; für Windows XP lässt sich das Schutzprogramm kostenlos nachrüsten.

- **Ad-Aware Free**

  www.lavasoft.com

  Ad-Aware bietet den gleichen Leistungs- und Funktionsumfang wie Spybot Search & Destroy oder Windows Defender.

Es macht sich ebenfalls auf die Suche nach verdächtiger Software auf Ihrem PC und löscht sie auf Wunsch gleich. Ad-Aware durchforstet dabei alle Laufwerke – auch USB-Sticks, Digitalkameras und andere Wechseldatenträger – nach Spyware und Adware (lästige Werbesoftware). Dazu gehören auch Dialer, die Internetverbindungen über teure 0900-, 0137- oder 118xx-Nummern aufbauen.

Das Antispywareprogramm Ad-Aware gibt es in einer Gratisversion und einer kostenpflichtigen Pro-Variante. Für den Heimgebrauch reicht die kostenlose Version.

Texte, Tabellen und andere Office-Programme

Das Office-Paket von Microsoft gehört für viele Anwender zur Grundausstattung des Rechners. Die Sache hat allerdings einen Haken. Die Programmsammlung kostet je nach Ausführung mehr als ein neuer PC. Zum Glück gibt es Alternativen, denn in Sachen Office muss es nicht immer Microsoft sein. Es gibt kostenlose Office-Pakete, die alle wichtigen Büroanwendungen enthalten. Die Gratisvarianten bieten denselben Komfort und Funktionsumfang wie das „Original" und können sogar die Dateiformate von Word, Excel und Co. lesen und schreiben.

Die Messlatte: Microsoft Office

Das Microsoft-Office-Paket ist seit Jahren Marktführer auf dem Gebiet der Büroprogramme. Microsoft Office gibt es bereits seit 1989, die einzelnen Anwendungen wie Microsoft Word sogar noch länger. Zu den wichtigsten Bestandteilen des Office-Pakets zählen folgende Programme:

- **Textverarbeitung Word**

  Für viele Anwender das wichtigste Programm: die Textverarbeitung für den Schriftverkehr am PC. Briefe, Einladungen, die eigene Biografie – alles, was früher auf der Schreibmaschine getippt wurde, lässt sich mit der Textverarbeitung am PC schreiben, speichern und drucken.

- **Tabellenkalkulation Excel**

  Wenn viele Zahlen ins Spiel kommen und Berechnungen ausgeführt werden müssen, hilft eine Tabellenkalkulation. Damit können Sie zum Beispiel Haushaltspläne erstellen, den Kraft-

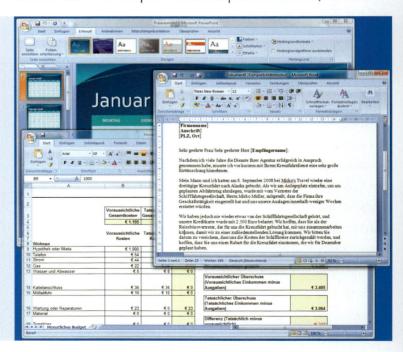

Die Programme aus dem Microsoft-Office-Paket setzen Standards bei der Bedienung und den verwendeten Dateiformaten.

stoffverbrauch des Autos ausrechnen oder den Verbrauch von Heizöl, Gas und Strom protokollieren.

- **Präsentationsprogramm PowerPoint**
Mit einem Präsentationsprogramm erstellen Sie am PC Folienpräsentationen. Analog zu klassischen Folien für Tageslichtprojektoren legen Sie im Präsentationsprogramm virtuelle Folien an und zeigen sie am PC-Bildschirm oder mit einem Beamer. Aber auch für den klassischen Overheadprojektor lassen sich diese digitalen Folien ausdrucken und nutzen.
- **E-Mail-Programm Outlook**
Zum Schreiben und Empfangen von elektronischen Nachrichten (E-Mails) dient im Office-Paket das E-Mail-Programm Outlook. Mit Outlook können Sie auch Termine, Adressen und Aufgaben verwalten.

Das Erfolgsgeheimnis von Microsoft Office

Seit Anfang der 1990er-Jahre gehören die Office-Programme von Microsoft zu den Standardanwendungen auf dem PC. Texte werden meist im typischen Word-Dateiformat mit der Kennung „.doc" geschrieben, Tabellen im Excel-Format mit dem Dateikürzel „.xls". Gründe für die faktische Monopolstellung für Microsoft Office gibt es viele. Neben einer erfolgreichen Vermarktungsstrategie seitens Microsoft spielt vor allem die einfache Bedienung eine große Rolle. Bereits seit den ersten Versionen finden sich auch Einsteiger schnell in Word, Excel und PowerPoint zurecht. Neue Texte, Tabellen und Präsentationen sind schnell erstellt, gespeichert und gedruckt.

Die Sache hat allerdings einen Haken – Microsoft Office kostet fast so viel wie ein neuer Rechner, je nach Ausstattungsvariante zwischen 300 und 800 Euro.

Die wichtigsten Office-Programme sind auch einzeln erhältlich. Die Textverarbeitung Word und die Tabellenkalkulation Excel gibt es beispielsweise für knapp 200 Euro, das E-Mail-Programm Outlook für rund 100 Euro.

Info: Was sind Dateiformate? Beim Austausch von Office-Dokumenten ist oft von Dateiformaten die Rede. „In welchem Format hast Du die Datei gespeichert?", lautet meist die Frage. Gemeint ist das Verfahren, die Art und Weise, wie Dateien gespeichert werden. Jedes Programm verwendet ein eigenes Format, das von anderen Programmen nicht ohne Weiteres gelesen werden kann. Texte von Word – erkennbar am Kürzel „.doc" – lassen sich beispielsweise nicht mit dem Windows-Programm WordPad öffnen. Aufgrund der großen Beliebtheit und Verbreitung von Microsoft Office haben sich die Microsoft-Formate für Texte („.doc"), Tabellen („.xls") und Präsentationen („.ppt") zum Standard entwickelt.

Seit Office 2007 hat Microsoft allerdings die Formate erweitert: „.docx", „.xlsx" und „.pptx" heißen die neuen Standardformate. Wer sichergehen will, dass die Dokumente auch von anderen gelesen werden können, sollte deshalb noch in den alten Formaten abspeichern.

OpenOffice, das kostenlose Komplettpaket

Gute Office-Programme gibt es auch kostenlos. Das beweist das Gratis-Programmpaket OpenOffice der Firma Sun Microsystems. OpenOffice enthält alle wichtigen Anwendungen wie Textverarbeitung, Tabellenkalkulation, Präsentations- und Zeichenprogramm. Und das Beste dabei: OpenOffice bietet nahezu den gleichen Funktionsumfang wie das große Vorbild Microsoft Office – und sieht fast genau so aus. Zudem kann OpenOffice die Dateien von Word, Excel und PowerPoint lesen und sogar im Microsoft-Format speichern. Daher können Sie OpenOffice auch dann verwenden, wenn Freunde und Bekannte mit Microsoft-Programmen arbeiten. Ein mit Word geschriebenes Textdokument im „.doc"-Format können Sie problemlos mit der Textverarbeitung Writer von OpenOffice öffnen und bearbeiten.

Beim kostenlosen OpenOffice ist alles dabei, was Sie für die Büroarbeit brauchen. Lediglich ein wichtiges Element fehlt im Gratispaket: ein E-Mail-Programm. Wie Sie trotzdem mit kostenloser Software E-Mails verwalten, erfahren Sie im Kapitel *E-Mails schreiben und verwalten* (→ Seite 129).

OpenOffice installieren

Aktuell ist derzeit die Version 2.4.1. Diese läuft stabil und auf diese beziehen sich auch die folgenden Anleitungen. Die Version 3.0 ist aber derzeit schon als Betaversion ladbar und wird sicherlich im Herbst oder Winter 2008 als offizielle Version freigegeben. Viele Unterschiede in der Bedienung bestehen nicht. Selbst wenn Sie also sofort auf die neue Version wechseln wollen und nicht vorsichtshalber etwas warten, bis die Stabilität gesichert ist, können Sie die folgenden Anleitungen nutzen. Eine unübersehbare Neuerung der Version 3.0 beim Start stellen wir Ihnen am Schluss dieses Kapitels vor.

So geht's: Um OpenOffice aus dem Internet herunterzuladen und zu installieren, sind folgende Schritte notwendig:
❶ Starten Sie den Internet Explorer, und rufen Sie die Internetseite de.openoffice.org (ohne „www.") auf.
❷ Klicken Sie auf die Schaltfläche *Download – Die aktuelle Version*.
❸ Im nächsten Fenster wählen Sie in der Liste *Wählen Sie das gewünschte System* den Eintrag *Windows (inkl. JRE)* und klicken anschließend auf die Schaltfläche *Download starten*.
❹ Am oberen Rand der Internetseite erscheint eine kleine gelbe Informationszeile. Klicken Sie auf diese Zeile, und

wählen Sie aus dem erscheinenden Menü den Eintrag *Datei herunterladen*.

❺ Im nächsten Fenster klicken Sie auf die Schaltfläche *Ausführen*.

❻ Das Office-Paket OpenOffice wird jetzt auf Ihren Computer kopiert; das dauert je nach Verbindungsgeschwindigkeit zwischen fünf Minuten und einer Stunde.

Die Installation des kostenlosen Programmpakets OpenOffice dauert mit DSL nur wenige Minuten.

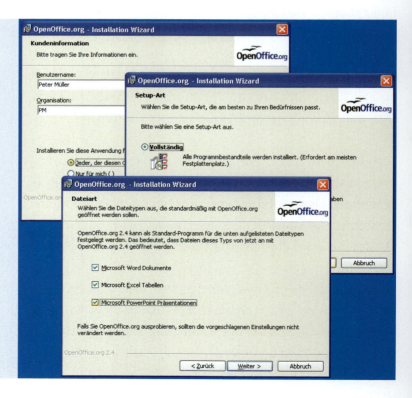

❼ Sobald der Ladevorgang abgeschlossen ist, klicken Sie auf die Schaltfläche *Ausführen*.
❽ Im Assistenten installieren Sie OpenOffice anschließend auf Ihrem Rechner. Folgen Sie den Anweisungen des Assistenten, um die Installation abzuschließen. Bei der Wahl der *Setup-Art* wählen Sie *Vollständig*.

Im Dialogfenster *Dateiart* bietet OpenOffice an, Dateien im Microsoft-Office-Format automatisch mit OpenOffice zu öffnen. Kreuzen Sie hierzu die Kontrollkästchen *Microsoft Word Dokumente, Microsoft Excel Tabellen* und *Microsoft PowerPoint Präsentationen* an.

So geht's: Nach der Installation müssen Sie beim ersten Start eines OpenOffice-Programms einmalig den Lizenzbedingungen zustimmen und Ihre Benutzerdaten ergänzen. Das geht ganz einfach:
❶ Starten Sie ein beliebiges OpenOffice-Programm, indem Sie auf die Start-Schaltfläche klicken und den Befehl *Alle Programme | OpenOffice.org | OpenOffice.org Writer* aufrufen.
❷ Es erscheint der Einrichtungsassistent. Bestätigen Sie das erste Fenster mit *Weiter*.
❸ Im nächsten Fenster werden die Lizenz- und Nutzungsbedingungen eingeblendet. Sie können erst fortfahren, wenn Sie sich komplett durch die Bedingungen geklickt haben. Sie können den Schritt abkürzen, indem Sie einmal in das Textfeld klicken und dann die Tastenkombination [Strg]+[Ende] drücken. Klicken Sie auf *Akzeptieren*, um fortzufahren.
❹ Tragen Sie anschließend Ihren Vor- und Nachnamen sowie Ihr Kürzel ein. OpenOffice verwendet die Informationen, um Ihre Dokumente automatisch mit Ihrem Namen zu kennzeichnen.

❺ Im letzten Schritt können Sie *OpenOffice* auf Ihren Namen registrieren. Das ist aber nicht zwingend notwendig. Es reicht, wenn Sie hier die Option *Ich möchte mich nicht registrieren* wählen und abschließend auf *Fertig* klicken. Die Einrichtung ist damit abgeschlossen.

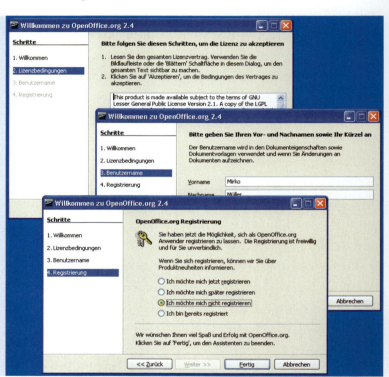

Beim ersten Start müssen Sie den Lizenzbedingungen zustimmen und Ihren Benutzernamen ergänzen. Die Registrierung ist nicht notwendig.

Muster, Beispiele und Vorlagen installieren

Nach der Installation können Sie direkt loslegen und Briefe schreiben oder Tabellen anlegen. Bevor Sie anfangen, empfiehlt sich jedoch die Installation von Vorlagen und Musterbeispielen. Dann müssen Sie nicht mit einem leeren Blatt Papier beginnen, sondern können direkt auf fertige Vorlagen für Briefe, Etiketten, CD-Hüllen, Formulare, Rechnungen und Präsentationen zurückgreifen.

Texte, Tabellen und andere Office-Programme

So geht's: Die Installation des Vorlagenpakets mit über 130 fertigen Beispielen dauert nur wenige Augenblicke. Gehen Sie wie folgt vor:

❶ Rufen Sie die Internetseite live.prooo-box.org/de/templates/de/index.html (ohne „www.") auf.
❷ Klicken Sie auf *Alle Vorlagen als OOo-Extension*.
❸ Im Dialogfenster *Dateidownload* klicken Sie auf *Öffnen*.
❹ Nach dem Download startet das Installationsprogramm für die Vorlagen. Bestätigen Sie das erste Dialogfenster mit *OK*.
❺ Anschließend blättern Sie durch die Lizenzbedingungen und klicken auf *Akzeptieren*.
❻ Sobald die Installation abgeschlossen ist, klicken Sie auf *Schließen*.

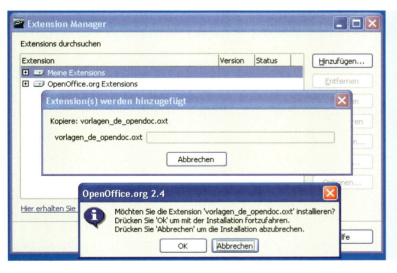

Nach der Installation sollten Sie zuerst das kostenlose Vorlagenpaket für OpenOffice installieren.

Nach dem Start der Version 3.0 werden Ihnen in einem Dialog alle Anwendungen aus dem OpenOffice-Paket zur Auswahl angeboten. Bei der Version 2.x starten Sie die einzelnen Anwendungen direkt, wie Sie in den folgenden Abschnitten noch sehen werden. Diese Methode ist allerdings auch in der Version 3.0 zusätzlich noch gültig.

Die Auswahl der einzelnen Anwendungen ist beim Start von OpenOffice 3.0 besonders leicht gemacht.

Briefe schreiben mit OpenOffice Writer

Mit OpenOffice Writer, dem Textverarbeitungsprogramm des OpenOffice-Programmpakets, können Sie ganz einfach neue Textdokumente wie Briefe, Kurzgeschichten und Einladungen verfassen. Das Grundprinzip der Schreibmaschine bleibt dabei erhalten. Auch im Computer wird ein (virtuelles) Blatt Papier eingezogen und über die Tastatur der Text eingetippt.

Neue Dokumente anlegen

Das Schöne an Textverarbeitungsprogrammen für den Rechner: Sie müssen nicht jeden Brief mit einem leeren Blatt Papier beginnen. Sofern Sie das kostenlose Vorlagenpaket installiert haben – mehr dazu im Abschnitt *Muster, Beispiele und Vorlagen installieren* (→ Seite 44) –, können Sie auf eine Vielzahl vorgefertigter Standardbriefe und andere Mustervorlagen zurückgreifen. Das erspart Ihnen eine Menge Arbeit, da viele Textelemente wie Adressfeld, Anrede und Fußzeile bereits vorgegeben sind und nur noch ergänzt werden müssen.

Texte, Tabellen und andere Office-Programme

So geht's: Um nicht mit einem leeren Blatt Papier, sondern mit einer professionellen Briefvorlage zu beginnen, gehen Sie folgendermaßen vor:

❶ Starten Sie das Textverarbeitungsprogramm, indem Sie auf die Start-Schaltfläche klicken und den Befehl *Alle Programme | OpenOffice.org | Openoffice.org Writer* wählen.

Wenn auf Ihrem PC Windows Vista installiert ist, können Sie den Weg durch das Startmenü auch abkürzen. Klicken Sie hier auf den runden Windows-Schaltknopf, und geben Sie in das Suchfeld des Startmenüs einfach „Writer" ein. Im Startmenü müssen Sie dann nur noch auf den Eintrag *OpenOffice.org Writer* klicken.

❷ Rufen Sie *Datei | Neu | Vorlagen und Dokumente* auf.

❸ Im folgenden Fenster haben Sie die Wahl zwischen Dutzenden vorgefertigten Vorlagen. Viele Elemente wie Kopfzeilen, Adressfeld und Grußformel sind hier bereits eingetragen. Sie müssen praktisch nur noch Ihren eigenen Text hinzufügen.

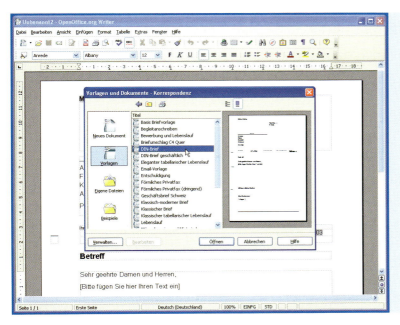

*Im Bereich **Vorlagen und Dokumente** finden Sie zahlreiche, bereits fix und fertig vorbereitete Briefvorlagen. Es lohnt sich immer, beim Schreiben eines neuen Briefes erst einmal im Vorlagenangebot zu stöbern.*

Um eine Vorlage auszuwählen, klicken Sie doppelt auf die Vorlagenart, zum Beispiel *Korrespondenz*. Markieren Sie anschließend per Mausklick den gewünschten Vorlagennamen, zum Beispiel *DIN-Brief* für einen Standardbrief nach DIN-Norm. Klicken Sie auf das kleine Vorschausymbol oben rechts, um im rechten Fenster eine kleine Vorschau einzublenden.
❹ Bestätigen Sie die Auswahl mit einem Klick auf *Öffnen*. Das Textverarbeitungsprogramm tauscht daraufhin das leere Blatt Papier gegen die gewünschte Vorlage aus. Im Prinzip müssen Sie jetzt nur noch die vorgegebenen Blankotexte durch Ihre eigenen ersetzen.

Texte eingeben und formatieren

Sobald die Vorlage geladen ist, können Sie auch gleich loslegen und den Brief mit Leben, sprich mit persönlichen Texten füllen.

So geht's: Um die ausgewählte Vorlage mit eigenen Texten zu überschreiben, gehen Sie folgendermaßen vor:
❶ In den Vorlagen sind einige Textbereiche bereits mit Inhalt gefüllt, beispielsweise das Absenderfeld mit Ihrem Namen. Um Änderungen oder Ergänzungen vorzunehmen, klicken Sie mit der Maus in das jeweilige Textfeld. Dort erscheint eine Schreibmarke in Form eines blinkenden senkrechten Striches. Die blinkende Schreibmarke signalisiert: Alle Eingaben über die Tastatur erscheinen an dieser Stelle.
Geben Sie über die Tastatur Ihren eigenen Text ein, zum Beispiel im Absenderfeld Ihre komplette Adresse. Wiederholen Sie den Schritt für die Empfängerdaten, den Betreff und das Datum.

Tipp: Automatische Textvorschläge. Vielleicht ist es Ihnen beim Schreiben schon aufgefallen: Einige Wörter ergänzt OpenOffice Writer automatisch. Wenn Sie zum Beispiel ein Wort eintippen, das bereits im Text oder im Wörterbuch vorkommt, genügt die Eingabe der ersten Buchstaben, zum Beispiel „Son" für „Sonntag". Wenn Sie die Ergänzung übernehmen möchten, drücken Sie einfach die ⏎-Taste. Das spart eine Menge Tipparbeit. Möchten Sie ein anderes Wort schreiben, etwa „Sonnenaufgang", tippen Sie einfach weiter. Der Wortvorschlag wird dann überschrieben.

❷ Sobald Ihre Absender- sowie Empfängeradresse eingetragen sind, können Sie den eigentlichen Brieftext bearbeiten. In den meisten Vorlagen ist bereits ein Brieftext vorgegeben, zum Beispiel ein Anschreiben für eine Bewerbung. Die Vorgabe dient jedoch lediglich als Anregung. Sie können selbstverständlich aus dem Bewerbungsanschreiben auch im Handumdrehen eine Einladung für eine Party, ein Beschwerdeschreiben oder einen Lebenslauf machen.
Sie können den vorgegebenen Text einfach ändern, indem Sie per Mausklick die Einfügemarke an die gewünschte Textstelle positionieren und die gewünschten Änderungen über die Tastatur eingeben.

Tipp: Bequem durch den Text navigieren. Bei größeren Dokumenten passt der Brief nicht immer komplett auf den Bildschirm. Meist ist dann nur ein Teilbereich, etwa der Briefkopf zu sehen. Das macht nichts. Mit dem Mausrad oder den Tasten [Bild↑] beziehungsweise [Bild↓] sowie den Pfeiltasten [↑] und [↓] können Sie bequem nach oben oder unten „blättern".

Und falls Sie mehr oder weniger Text auf dem Bildschirm darstellen möchten, können Sie den aktuellen Vergrößerungsgrad einstellen. Halten Sie hierzu die [Strg]-Taste gedrückt, und drehen Sie – mit weiterhin gedrückter [Strg]-Taste – das Mausrad.

❸ Falls Sie sich vertippt haben, können Sie einzelne Zeichen mit den Tasten [Entf] und [←] löschen. Die Taste [Entf] löscht Zeichen rechts von der Einfügemarke, mit [←] löschen Sie Zeichen links der Schreibmarke.

Wenn Sie ganze Textpassagen oder Absätze löschen und überschreiben möchten, ist das Entfernen einzelner Zeichen sehr mühsam. In diesem Fall sollten Sie die zu löschenden Textbereiche zuvor markieren.

Das geht ganz einfach: Klicken Sie zunächst an den Anfang des zu markierenden Bereichs – etwa an den Anfang eines Absatzes –, und halten Sie die linke Maustaste gedrückt. Ziehen Sie die Maus – mit gedrückter linker Maustaste – über den Bereich, den Sie markieren möchten. Alle markierten Bereiche stellt das Textverarbeitungsprogramm in schwarzer Farbe dar. Sobald der gewünschte Textbereich markiert ist, lassen Sie die Maustaste los. Jetzt können Sie mit der Taste [Entf] auf einen Schlag den markierten Bereich löschen.

❹ Besonders praktisch ist die Möglichkeit, den Brieftext optisch anzupassen. Sie können beispielsweise eine andere Schriftart, eine neue Schriftgröße oder eine auffällige Farbe verwenden. In der Fachsprache wird dieser Vorgang Formatieren genannt. Wenn Sie nur ein einzelnes Wort optisch verändern möchten, klicken Sie einfach mit der rechten (!) Maustaste auf das Wort. Es erscheint ein Menü, das alle wichtigen Befehle

zur Formatierung enthält. Mit dem Befehl *Schrift* ändern Sie die Schriftart und mit *Größe* die Schriftgröße. Die Befehle im Untermenü *Stil* formatieren das angeklickte Wort zum Beispiel **fett** oder *schräg* (kursiv).

Alle Befehle zur Textgestaltung finden Sie auch in der Symbolleiste. Hier können Sie per Mausklick die Schriftart des jeweiligen Wortes verändern.

❺ Möchten Sie nicht nur ein einzelnes Wort, sondern einen ganzen Textbereich oder Absatz formatieren, müssen Sie ihn zunächst wie in Schritt 3 beschrieben markieren. Anschließend klicken Sie mit der rechten (!) Maustaste auf den markierten Bereich und nehmen die Formatierung für die gesamte Markierung vor. Auch hier können Sie alternativ die Schaltfläche der Symbolleiste verwenden.

Info: Versehentlich gelöscht? Kein Problem! Hoppla: Schnell ist ein Wort oder eine ganze Textpassage versehentlich gelöscht. Das ist nicht weiter tragisch. Alle Aktionen, die Sie in OpenOffice Writer vornehmen, lassen sich auch wieder zurücknehmen. Das Programm führt genau Buch über die vorgenommenen Änderungen und erlaubt praktisch das „Zurückspulen" der durchgeführten Aktionen. Hierzu klicken Sie in der Symbolleiste auf den nach links gebogenen Pfeil. Damit machen Sie die jeweils letzte Aktion wieder rückgängig. Wenn Sie auf den nach unten weisenden Pfeil rechts daneben klicken, können Sie sogar gleich mehrere Aktionen auf einmal rückgängig machen. OpenOffice Writer merkt sich die letzten 100 Bearbeitungsschritte. Übrigens: Wenn es besonders schnell gehen soll, drücken Sie einfach die Tastenkombination [Strg]+[Z], um die jeweils letzte Aktion zurückzunehmen.

Durch geschicktes Löschen und Anpassen der Textvorgaben wird aus der Vorlage im Handumdrehen ein ganz persönlicher Brief.

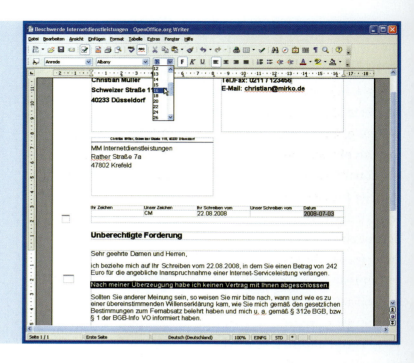

Die Rechtschreibung überprüfen

Nichts ist peinlicher als ein Rechtschreibfehler im eigenen Brief. Gerade bei persönlichen Briefen oder Bewerbungen kommt es auf eine perfekte Orthografie an. Bevor Sie den Brief ausdrucken und verschicken, sollten Sie noch einmal einen prüfenden Blick auf ihn werfen – oder besser gesagt: werfen lassen. Denn OpenOffice Writer verfügt über eine integrierte Rechtschreibprüfung, die Fehler schonungslos offenlegt.

So geht's: Damit der Brief fehlerfrei auf die Reise geht, können Sie ihn auf Rechtschreib- und Grammatikfehler überprüfen lassen. OpenOffice Writer unterbreitet auch gleich die passenden Korrekturvorschläge:

❶ Um die Rechtschreibung zu überprüfen, rufen Sie den

Menübefehl *Extras | Rechtschreibung* auf oder drücken die Taste `F7`.

❷ Das Textprogramm nimmt anschließend Ihren Text unter die Lupe. Sobald es einen Fehler oder ein unbekanntes Wort entdeckt, erscheint das Dialogfenster *Rechtschreibprüfung*. Hier zeigt OpenOffice Writer im oberen Bereich rot markiert das unbekannte oder falsch geschriebene Wort. Über die Schaltflächen am rechten Rand bestimmen Sie, wie Sie mit dem Fehler weiter vorgehen.

Info: Automatische Überprüfung beim Schreiben. OpenOffice Writer schaut Ihnen bereits während des Schreibens über die Schulter und unterstreicht falsch geschriebene Worte mit einer roten Schlangenlinie. Wenn Sie mit der rechten (!) Maustaste auf ein so markiertes Wort klicken, erscheinen Vorschläge für die korrekte Schreibweise. Per Mausklick übernehmen Sie sofort die Korrektur.

---

❸ Sollte die Rechtschreibprüfung über ein falsch geschriebenes Wort stolpern, wird es rot markiert und im unteren Teil des Dialogfensters ein Korrekturvorschlag eingeblendet. Um den Fehler zu korrigieren, markieren Sie einen der Vorschläge, und klicken Sie auf *Ändern*. Mit der Schaltfläche *Alle ändern* korrigiert Writer denselben Fehler ohne weiteres Nachfragen gleich im gesamten Dokument. Das empfiehlt sich, wenn Sie ein Wort sehr häufig falsch geschrieben haben – etwa *zur Zeit* statt korrekt *zurzeit* – und auf einen Schlag alle Textstellen korrigieren möchten.

❹ Die automatische Rechtschreibprüfung erledigt ihre Arbeit

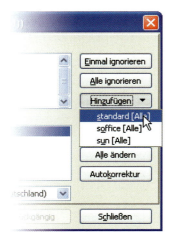

in der Regel sehr gut. Mitunter moniert die Textverarbeitung aber ein Wort, obwohl es richtig geschrieben wurde. In den meisten Fällen handelt es sich dabei um Fachbegriffe. Ist das Wort korrekt geschrieben, können Sie es gleich mit der Schaltfläche *Hinzufügen | Standard* in das Wörterbuch eintragen. Bei zukünftigen Prüfungen erkennt das Prüfprogramm den Fachbegriff dann automatisch als korrekt geschrieben an.

❺ Falls sich das Wort trotz roter Markierung als richtig geschrieben erweist, können Sie es mit *Einmal ignorieren* einfach übergehen. Sollte das Wort häufiger im Text vorkommen, wird es an jeder Fundstelle aufs Neue als Fehler markiert. Das verhindern Sie, indem Sie anstelle von *Einmal ignorieren* die Schaltfläche *Alle ignorieren* wählen.

Writer findet fast alle Rechtschreib- und Grammatikfehler und korrigiert diese auf Wunsch auch gleich.

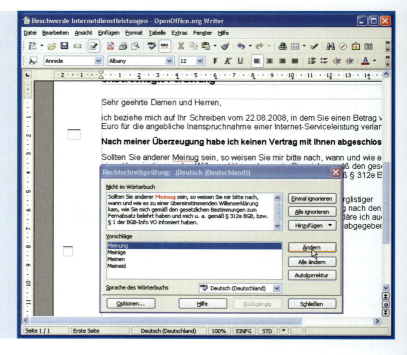

Sobald das gesamte Dokument überprüft ist und alle Fehler korrigiert wurden, können Sie sicher sein, dass der Text weitgehend fehlerfrei ist. Zur Sicherheit empfiehlt es sich jedoch, selbst noch einmal ein prüfendes Auge auf den Text zu werfen – auch die beste Korrekturfunktion kann schon mal Fehler übersehen.

Dokumente speichern und wieder öffnen

Sobald der Brief fertig geschrieben ist und die Orthografie überprüft wurde, fehlt nur noch eines: das Speichern des Dokuments auf der Festplatte. Das ist wichtig, damit Sie später noch Änderungen am Brief vornehmen können, oder um den fertigen Brief als Vorlage für weitere Briefe verwenden zu können.

So geht's: Beim Speichern legen Sie den geschriebenen Brief als Datei auf der Festplatte ab. Gehen Sie hierzu folgendermaßen vor:

❶ Zum Speichern klicken Sie in der Symbolleiste auf das Speichern-Symbol, die Diskette. Alternativ hierzu können Sie auch das Menü *Datei* öffnen und den Befehl *Speichern* aufrufen oder einfach die Tastenkombination [Strg]+[S] drücken.

❷ Es erscheint das Dialogfenster *Speichern unter*. Hier bestimmen Sie, unter welchem Dateinamen und in welchem Ordner die Textdatei abgelegt werden soll. Empfehlenswert ist die Ablage im Bereich *Eigene Dateien* beziehungsweise *Dokumente*. Sie können aber auch jeden anderen Ordner wählen.

❸ Geben Sie in das Feld *Dateiname* einen treffenden Namen für das Dokument ein. Wählen Sie dabei einen möglichst ausführlichen Titel, damit Sie später leichter erkennen können, um was es im Dokument geht. Je ausführlicher, desto besser. Eine Beschwerde nennen Sie nicht einfach „Beschwerde", sondern besser „Beschwerde über unberechtigte Forderung vom 22-08-2008". Punkte in Dateinamen können Probleme machen. Benutzen Sie deshalb besser andere Trennzeichen.

❹ Im Feld *Dateityp* bestimmen Sie, in welchem Dateiformat das Dokument gespeichert wird. Voreingestellt ist *ODF Textdokument (.odt)*, das Standardformat von OpenOffice Writer. Soll das Dokument später mit einem anderen Textverarbeitungsprogramm wie Microsoft Word geöffnet werden, können Sie auch ein „fremdes" Dateiformat wählen, zum Beispiel *Microsoft Word 97/2000/XP (.doc)*. Notwendig ist das aber nur, wenn Sie das Dokument zum Beispiel per E-Mail an jemanden verschicken, der nicht über OpenOffice Writer verfügt.

❺ Klicken Sie auf die Schaltfläche *Speichern*, um den Speichervorgang abzuschließen.

Achtung: Speichern zwischendurch nicht vergessen. Stromausfall, Absturz oder einfach nur Bedienerfehler – Ursachen für einen plötzlichen Datenverlust gibt es viele. Damit es erst gar nicht so weit kommt und Sie nicht die Arbeit von mehreren Stunden verlieren, sollten Sie zwischendurch das aktuelle Dokument immer wieder speichern. Hierzu verwenden Sie einfach die Tastenkombination `Strg`+`S`, mit der Sie die aktuelle Version des Dokuments auf der Festplatte sichern.

OpenOffice Writer speichert das aktuelle Dokument daraufhin als Datei auf die Festplatte Ihres PCs. Sie können das einmal gespeicherte Dokument später beliebig oft wieder öffnen und bearbeiten. Im Menü *Datei | Zuletzt benutzte Dokumente* finden Sie eine Liste aller zuletzt gespeicherten Dokumente. Damit lassen sich zuletzt bearbeitete Dokumente am schnellsten wieder öffnen. Liegt die Bearbeitung des Dokuments länger zurück, wählen Sie im Menü *Datei* den Befehl *Öffnen*. Anschließend wechseln Sie in den Ordner, in dem Sie das Dokument abgelegt haben, und klicken doppelt auf den Dateinamen.

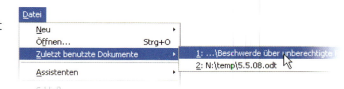

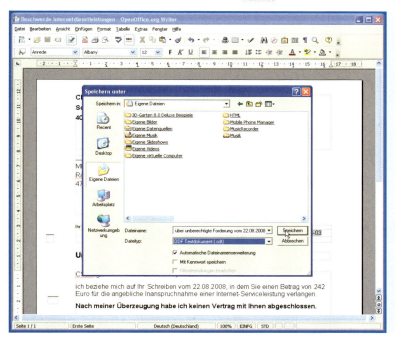

Im Dialogfenster **Speichern unter** *bestimmen Sie, wo und in welchem Format das Dokument auf der Festplatte abgelegt werden soll.*

Dokumente drucken

Die meisten Dokumente landen nicht nur als Datei auf der Festplatte, sondern werden früher oder später auch auf Papier ausgedruckt. Um Dokumente schwarz auf weiß – oder auch in Farbe – in Händen zu halten, verfügt OpenOffice über eine praktische Druckfunktion.

So geht's: Gehen Sie folgendermaßen vor, um das aktuelle Dokument auf dem angeschlossenen Drucker auszugeben:

❶ Wählen Sie aus dem Menü *Datei* den Befehl *Seitenansicht*.

❷ OpenOffice zeigt anschließend in einer Vorschau, wie das Dokument später auf dem Papier aussehen wird. Über die

Schaltfläche *Seitenansicht drucken* starten Sie den Druckvorgang.

❸ Es erscheint das Dialogfenster *Drucken*. Hier können Sie den Drucker auswählen und über das Feld *Exemplare* die gewünschte Anzahl der Kopien eingeben. Um den Druckvorgang zu starten, klicken Sie auf die Schaltfläche *OK*.

❹ Um die Druckvorschau zu verlassen und wieder zur Standardansicht zurückzukehren, klicken Sie auf die Schaltfläche *Seitenansicht schließen* oder rufen erneut den Befehl *Datei* | *Seitenansicht* auf.

In der Seitenansicht zeigt OpenOffice eine Vorschau des Druckergebnisses. Ein Mausklick auf Drucken gibt das Dokument schließlich auf dem Drucker aus.

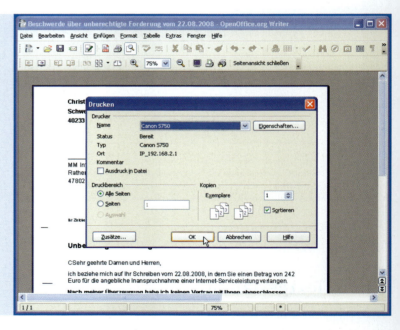

AbiWord

www.abisource.com

AbiWord ist ein kostenloses Textprogramm, das alle wichtigen Funktionen zum Erstellen und Bearbeiten von Textdokumenten enthält. Es zeichnet sich vor allem durch seine hohe Geschwindigkeit auch bei großen Dokumenten aus, wirkt optisch allerdings antiquiert. Wer einen älteren, nicht so leistungsstarken Rechner hat oder eine einfachere Bedienerführung sucht, kann es mit der Gratis-Textverarbeitung AbiWord probieren.

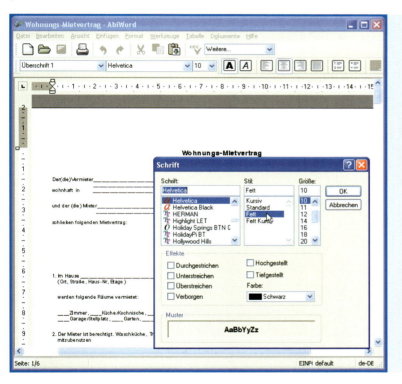

AbiWord ist ideal für alle, die kein komplettes Office-Paket, sondern lediglich eine Gratis-Textverarbeitung suchen.

Scribus Textgestaltung
www.scribus.net

Wer grafisch besonders aufwendig gestaltete Dokumente mit zahlreichen Abbildungen erstellen möchte, kann zum kostenlosen Satzprogramm Scribus greifen. Wie bei „Desktop Publishing"-Software üblich, erstellt Scribus Grundlayouts (Masterseiten) mit auf allen Seiten des Dokuments erscheinenden Elementen wie etwa Seitenzahlen oder Logos. In den normalen Seiten bindet man anschließend die unterschiedlichen Texte und Bilder ein. Für Texte greift das Programm auf den integrierten Texteditor oder alternativ auf die OpenOffice-Textverarbeitung Writer zurück. Das Ergebnis exportiert Scribus in alle wichtigen Druckformate und die universell lesbaren PDF-Dateien.

Tabellenkalkulation mit OpenOffice Calc

Eine Tabellenkalkulation eignet sich immer dann, wenn Zahlen ins Spiel kommen und Berechnungen durchgeführt werden sollen. Gut geeignet sind Tabellenkalkulationen beispielsweise für Haushalts- und Kassenbücher, zum Protokollieren und Ausrechnen von Energie- oder Benzinverbräuchen, zur Kalkulation von Krediten und Hypothekendarlehen oder zur Arbeitszeiterfassung und -berechnung. Auch eine Einkaufsliste lässt sich damit gut erstellen. Auf den folgenden Seiten zeigen wir, wie Sie mit der kostenlosen Tabellenkalkulation OpenOffice Calc den Benzinverbrauch Ihres Autos protokollieren, automatisch berechnen und als Diagramm darstellen.

Eine neue Tabelle anlegen

Im ersten Schritt legen Sie eine neue Tabelle an und füllen sie mit den wichtigsten Anfangswerten und Bezeichnungen für die Zellen, Spalten und Zeilen.

So geht's: Gehen Sie folgendermaßen vor, um mit OpenOffice Calc eine neue Tabelle anzulegen:
❶ Starten Sie die Tabellenkalkulation, indem Sie auf die Start-Schaltfläche klicken und den Befehl *Alle Programme* | *OpenOffice.org* | *Openoffice.org Calc* wählen.
Wenn auf Ihrem PC Windows Vista installiert ist, können Sie den Weg durch das Startmenü auch abkürzen. Klicken Sie hier auf die Start-Schaltfläche, und geben Sie in das Suchfeld

des Startmenüs einfach „Calc" ein. Im Startmenü müssen Sie dann nur noch auf den Eintrag *OpenOffice.org Calc* klicken.

❷ Rufen Sie den Befehl *Datei | Neu | Tabellendokument* auf.

❸ Es erscheint eine neue Tabelle. Jede Tabelle ist in Zeilen, Spalten und einzelne Tabellenzellen aufgeteilt, in die Sie Texte, Zahlen oder Formeln für umfangreichere Berechnungen eingeben können. Um einzelne Zellen mit Inhalt zu füllen, klicken Sie mit der linken Maustaste auf die entsprechende Zelle und geben den gewünschten Inhalt ein. Zur nächsten Zelle wechseln Sie mit der Taste ⏎ oder ⇥. Um Änderungen an einer bestehenden Zelle vorzunehmen, klicken Sie doppelt darauf.

❹ Für das Beispiel einer Benzinkostenberechnung füllen Sie die Tabelle wie in der Abbildung gezeigt aus.

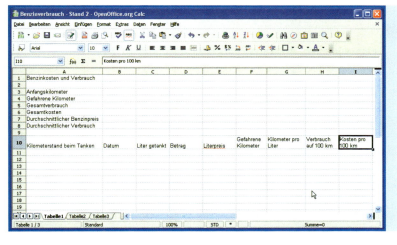

Im ersten Schritt füllen Sie die Zellen mit Überschriften und Zellbezeichnungen.

Bei der Eingabe ist vermutlich die Spalte A für die langen Texte zu schmal. Um sie zu verbreitern, bewegen Sie die Maus auf den senkrechten Trennstrich zwischen A und B. Sobald der Mauszeiger die Form eines Doppelpfeils annimmt, halten Sie die linke Maustaste gedrückt und ziehen die Maus – mit weiterhin gedrückter Maustaste – nach rechts. Sobald die

gewünschte Breite erreicht ist, lassen Sie die Maustaste los. Übrigens: Wenn Sie mit der linken Maustaste doppelt auf den Trennstrich klicken, passt OpenOffice Calc die Spaltenbreite automatisch so an, dass der bislang eingegebene Text genau in die Spalte passt.

Eine weitere Änderung ist in der Zeile 10 notwendig. Damit die eingegebenen Texte automatisch umbrochen (auf zwei Zeilen aufgeteilt) werden, markieren Sie zunächst die komplette Zeile, indem Sie auf die Zeilennummer 10 klicken. Anschließend rufen Sie den Befehl *Format | Zellen* auf, wechseln in das Register *Ausrichtung* und kreuzen das Kontrollkästchen *Automatischer Zeilenumbruch* an. Schließen Sie das Fenster mit *OK*.

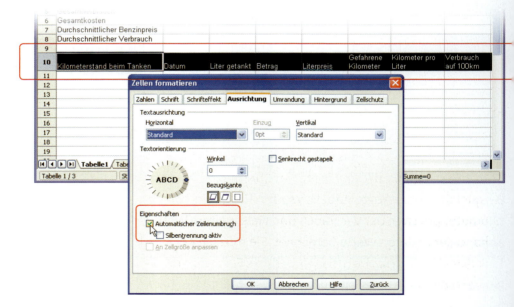

❺ Sobald das Grundgerüst der Tabelle steht, füllen Sie die ersten Werte ein. Dabei werden nur die Werte eingetragen, die sich nicht automatisch berechnen lassen, hierzu gehören zum Beispiel der Anfangskilometerstand sowie für jeden

Tankvorgang die Felder Kilometerstand beim Tanken, Datum, Liter getankt und Betrag. Die restlichen Felder werden später durch Formeln automatisch berechnet. Wie die Tabelle nach der Eingabe der ersten Daten aussieht, zeigt die Abbildung.

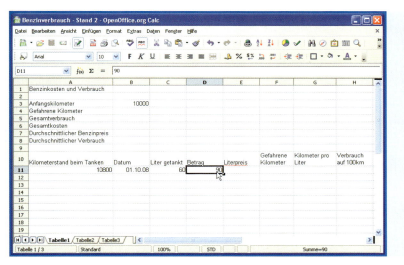

Die Eingabe von Kilometerstand, Datum und getankten Litern genügt. Alle übrigen Felder werden später automatisch berechnet.

Formeln und Funktionen einfügen

Das Faszinierende an der Tabellenkalkulation sind Formeln. Damit können Sie automatisch Berechnungen durchführen und andere Zellen mit dem Rechenergebnis ausfüllen. Im Beispiel der Benzinkostentabelle werden Literpreis, gefahrene Kilometer pro Liter, der Verbrauch und viele weitere Werte anhand der anderen Werte berechnet. Sie müssen der Tabellenkalkulation nur sagen, was mit welcher Formel berechnet werden soll.

So geht's: Um Werte mit Formeln automatisch auszurechnen, sind folgende Schritte notwendig:

❶ Um beispielsweise in der Benzintabelle den Preis pro Liter auszurechnen, klicken Sie zunächst in die Zelle, in der das Ergebnis erscheinen soll, zum Beispiel in die Zelle E11 (Spalte E und Zeile 11).

❷ Fügen Sie ein Gleichheitszeichen (=) ein, um OpenOffice Calc mitzuteilen, dass Sie eine Formel eingeben möchten. Hinter dem Gleichheitszeichen geben Sie die Formel ein. Dabei können Sie generell die üblichen Rechenzeichen zum Addieren (+), Subtrahieren (-), Dividieren (/) und Multiplizieren (*) verwenden. Um der Tabellenkalkulation mitzuteilen, mit welchen Werten Sie rechnen möchten, geben Sie die Zellkoordinaten in der Form „SpalteZeile" an, zum Beispiel C4 für die Zelle im Schnittpunkt der Spalte C und Zeile 4.

Um im Benzinbeispiel den Preis pro Liter zu berechnen, klicken Sie in die Zelle E11 und geben folgende Formel ein:

=D11/C11

Damit teilen Sie den Betrag in Zelle D11 durch die getankten Liter C11. Durch Drücken der ↵-Taste erscheint das Ergebnis der Berechnung.

Die Angabe der Zellkoordinaten lässt sich übrigens vereinfachen. Statt die Zellkoordinaten einzutippen, können Sie auch mit der Maus auf die entsprechende Zelle tippen. OpenOffice Calc fügt dann automatisch die richtige Koordinate ein. Die angeklickte Zelle wird zudem rot markiert.

Ergänzen Sie auf diese Weise die restlichen Felder der Tabelle mit den passenden Formeln. Im obigen Beispiel verwenden Sie zur Berechnung der übrigen Werte folgende Formeln:

Gefahrene Kilometer (Kilometerstand beim Tanken minus Anfangskilometer):

=A11-B3

Kilometer pro Liter (gefahrene Kilometer durch getankte Liter):
=F11/C11

Verbrauch auf 100 km (100 geteilt durch Kilometer pro Liter):
=100/G11

Kosten pro 100 km (Verbrauch mal Literpreis):
=H11*E11

❸ Im nächsten Schritt müssen Sie die Formeln auf die Zeilen 12, 13, 14 usw. ausdehnen, damit auch bei den zukünftig eingetragenen Tankquittungen die Werte automatisch ausgerechnet werden. Das „Verlängern" der Formeln auf weitere Zellen ist einfach: Klicken Sie zuerst auf die Zelle mit der Formel, etwa für den Literpreis. In der rechten unteren Ecke der schwarzen Zellmarkierung erkennen Sie ein kleines schwarzes Quadrat. Klicken Sie auf das kleine Quadrat, halten Sie die Maustaste gedrückt, und ziehen Sie die Maus – bei weiterhin gedrückter Maustaste – nach unten bis zur Zeile 30. Sobald Sie die Maustaste loslassen, ergänzt OpenOffice Calc die Formel in den darunter liegenden Zellen.

Wenn Sie in einer der neu gefüllten Zellen klicken, erkennen Sie in der Eingabezeile am oberen Rand die angepasste Formel. Hier sehen Sie, dass das Programm auch automatisch die entsprechenden Zellbezüge (Verweise auf die Zellen in der Formel) angepasst hat. In Zelle E13 lautet die Formel zum Beispiel jetzt D13/C13.

Allerdings erscheint statt des Ergebnisses die Fehlermeldung #DIV0. Der Grund: OpenOffice kann die Berechnung noch nicht durchführen, da in der entsprechenden Zeile beziehungsweise Zelle noch kein

Wert für getankte Liter eingetragen ist. Das können Sie verhindern, indem Sie die Formel anpassen und eine Bedingung einfügen. OpenOffice soll das Ergebnis nur anzeigen, wenn passende Werte vorhanden sind. Hierzu klicken Sie doppelt in die Zelle E12 mit der ersten Fehlermeldung #DIV0. Ändern Sie die Formel folgendermaßen ab:

=WENN(D12="";"";D12/C12)

Mit der WENN-Anweisung wird zuerst geprüft, ob die Zelle D12 leer ist (=""). Falls das der Fall ist, wird nichts ausgegeben („"), ansonsten die Berechnung D12/C12 ausgeführt. Anschließend müssen Sie die geänderte Formel wieder nach unten „verlängern". Hierzu markieren Sie erneut die Zelle E12, klicken auf das kleine schwarze Quadrat in der Markierung und ziehen es mit gedrückter Maustaste nach unten. Die Fehlermeldungen werden jetzt durch die geänderten Formeln überschrieben. In den Zellen erscheint zunächst noch nichts, da laut Bedingung das Ergebnis erst angezeigt wird, wenn die Grunddaten wie *Betrag* und *Liter getankt* eingegeben wurden.

❹ Wiederholen Sie den Schritt 3 für die Formeln für *Gefahrene Kilometer, Kilometer pro Liter, Verbrauch auf 100 km* und *Kosten pro 100 km*. Passen Sie auch hier die Formel mit den entsprechenden Wenn-Bedingungen an.

Eine wichtige Ausnahme: In der Zelle F12 zur Berechnung der gefahrenen Kilometer setzen Sie die Formel

=WENN(A12="";"";A12-A11)

ein, um ab der zweiten Eingabezeile die gefahrenen Kilometer anhand des aktuellen Kilometerstands (A12) abzüglich des zuletzt notierten Kilometerstands (A11) zu berechnen.

❺ Im Grunde können Sie die Tabelle jetzt schon zum Berechnen des Benzinverbrauchs nutzen. Sie müssen nur in der entsprechenden Zeile den Kilometerstand beim Tanken, das

Tankdatum, die getankten Liter und den Betrag eintragen. Alle übrigen Werte rechnet OpenOffice Calc automatisch aus. Die Tabelle sieht dann zum Beispiel wie folgt aus:

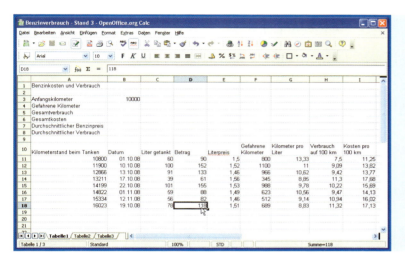

Die Beispieltabelle inklusive Formeln zum automatischen Berechnen der Verbräuche und Kosten.

❻ Im nächsten Schritt berechnen Sie die Gesamtwerte (gefahrene Kilometer, Gesamtverbrauch, Gesamtkosten) sowie Durchschnittswerte (durchschnittlicher Benzinpreis und durchschnittlicher Verbrauch).
Zum Berechnen der gefahrenen Kilometer geben Sie in das Feld rechts neben *Gefahrene Kilometer* die Formel
=SUMME(F11:F30)
ein. Damit berechnen Sie die Summe aller Werte in der Spalte F von der Zelle F11 bis zur Zelle F30.
Für den Gesamtverbrauch lautet die Formel
=SUMME(C11:C30)
und für die Gesamtkosten
=SUMME(D11:D30)
Zur Berechnung der Durchschnittswerte verwenden Sie die Funktion MITTELWERT. Geben Sie in die Zelle rechts neben *Durchschnittlicher Benzinpreis* die Formel

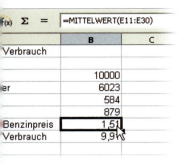

=MITTELWERT(E11:E30)

ein. Damit wird der Mittelwert aller Wert in der Spalte für den Literpreis von E11 bis E30 berechnet. Die Formel für den Durchschnittsverbrauch lautet

=MITTELWERT(H11:H30)

Tabellen formatieren

Dank der eingefügten Formeln können Sie die Beispieltabelle zwar sofort einsetzen und zur Berechnung des Benzinverbrauchs verwenden – schön sieht diese Tabelle aber noch nicht aus. Das lässt sich ändern. Alle Bereiche können Sie optisch anpassen und zum Beispiel Schriftarten, Farben, Hintergründe und Rahmen verändern.

So geht's: Mit folgenden Mitteln können Sie eine Tabelle optisch ansprechend gestalten:

❶ Um die Schrift in einer Zelle zu verändern, klicken Sie auf die entsprechende Zelle. Sie können mit gedrückter Maustaste auch einen ganzen Zellebereich markieren und gleichzeitig anpassen. Rufen Sie anschließend den Befehl *Format | Zellen* auf. Im folgenden Fenster können Sie das Aussehen der Zelle anpassen. In den Registern *Schrift* und *Schrifteffekt* legen Sie Schriftart, Größe und Aussehen fest. Wählen Sie zum Beispiel für die Überschrift den Schriftgrad *16* und den Schriftschnitt *Fett*. Bestätigen Sie die Änderung mit *OK*.

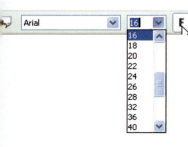

Die wichtigsten Änderungen können Sie übrigens auch über die Symbolleiste vornehmen. Hier finden Sie für Schriftart, Schriftgröße und die Formate *fett*, *kursiv* und *unterstrichen* entsprechende Schaltflächen.

❷ Für die Übersichtstabelle können Sie den Tabellenkopf und den Datenbereich unterschiedlich darstellen. Hierzu

Texte, Tabellen und andere Office-Programme

markieren Sie die entsprechenden Zellen – etwa die Zeile 10 – und klicken in der Symbolleiste auf die Schaltfläche mit dem Farbeimer. Anschließend wählen Sie per Mausklick die gewünschte Hintergrundfarbe aus, etwa ein helles Grün.

❸ Im nächsten Schritt können Sie die Zahlenformate einiger Zellen ändern, zum Beispiel der Spalte *Betrag*. Damit hier automatisch das Eurozeichen ergänzt wird, markieren Sie zunächst die gesamte Spalte, indem Sie am oberen Tabellenrand auf den Spaltenkopf D klicken. Rufen Sie anschließend den Befehl *Format* | *Zellen* auf, und wechseln Sie in das Register *Zahlen*. Wählen Sie den Eintrag *Währung*, und bestätigen Sie mit *OK*.

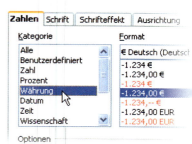

Nach der Formatierung und Änderung der Zahlenformate könnte die fertige Tabelle zum Beispiel so aussehen:

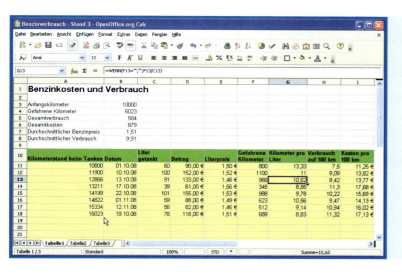

Mit neuen Farben, Schriftgrößen und Zahlenformaten sieht die Beispieltabelle schon viel ansprechender aus.

Diagramme einfügen

Ein Bild sagt mehr als tausend Worte – diese sprichwörtliche Weisheit gilt vor allem für lange Zahlenkolonnen. Die Entwicklung des Benzinverbrauchs oder der Benzinpreise lässt sich am besten anhand eines Diagramms verdeutlichen.

So geht's: Die bestehenden Zahlenkolonnen um ein aussagekräftiges Diagramm zu ergänzen, ist einfach. Gehen Sie wie folgt vor:

❶ Klicken Sie in der Tabelle an die Position, an der das Diagramm erscheinen soll.

❷ Rufen Sie den Befehl *Einfügen* | *Diagramm* auf.

❸ Im ersten Fenster wählen Sie den Diagrammtyp, zum Beispiel *Linien* und *Nur Linien*. Bestätigen Sie die Auswahl mit *Weiter*.

❹ Im nächsten Fenster klicken Sie auf die Schaltfläche mit dem nach oben gerichteten Pfeil. Anschließend markieren Sie mit gedrückter Maustaste den Datenbereich, der im Diagramm dargestellt werden soll, etwa von Zelle B10 bis I18. Klicken Sie anschließend auf *Weiter*.

❺ Im nächsten Fenster sind alle Datenreihen aufgeführt, die im Diagramm dargestellt werden. Nicht benötigte Datenreihen können Sie wieder entfernen, indem Sie den Namen markieren und auf *Entfernen* klicken. Für die Beispieltabelle sind die Datenreihen *Liter getankt*, *Betrag* und *Gefahrene Kilometer* überflüssig. Klicken Sie auf *Fertig stellen*, um den Assistenten zu beenden.

Sobald die Tabelle und das Diagramm fertiggestellt wurden, sollten Sie sie als Datei speichern. Wie Sie OpenOffice-Dokumente speichern oder auf dem Drucker ausgeben, kennen Sie bereits aus den Abschnitten *Dokumente speichern und wieder öffnen* (→ Seite 55) und *Dokumente drucken* (→ Seite 57).

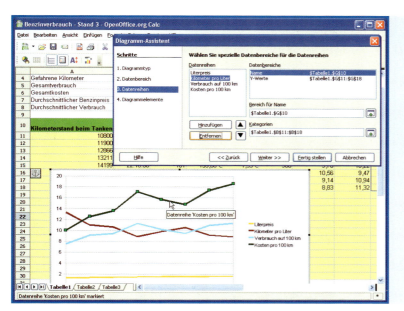

Mit Hilfe des Diagrammassistenten erzeugen Sie aus trockenen Zahlenkolonnen aussagekräftige Diagramme.

Weitere Gratisalternative

Mit OpenOffice erhalten Sie ein kostenloses Office-Paket, das nahezu alle Funktionen der kommerziellen Officeprogramme von Microsoft beinhaltet. OpenOffice ist allerdings nicht die einzige Gratisalternative zu Microsoft Office.

- **Lotus Symphony**

symphony.lotus.com ohne „www."
Das kostenlose Büropaket Lotus Symphony von IBM besteht aus der Textverarbeitung Lotus Document, der Tabellenkalkulation Lotus Spreadsheets sowie dem Präsentationsprogramm Lotus Presentations.

Foto- und Bildbearbeitung

Die Zeiten, in denen Fotos zuerst im Labor entwickelt und erst nach Tagen betrachtet werden konnten, sind vorbei. Heute wird digital fotografiert; mit Digitalkamera oder Kamerahandy. Die Schnappschüsse lassen sich direkt auf den PC übertragen und dort nachbearbeiten. Alles, was Sie hierzu brauchen, ist ein Programm zur Foto- und Bildbearbeitung. Das gibt es kostenlos und braucht sich nicht hinter den kommerziellen Varianten zu verstecken.

Die Messlatte: Adobe Photoshop und Photoshop Elements

Wenn Sie erfahrene PC-Benutzer nach dem besten Programm zur Foto- und Bildbearbeitung fragen, erhalten Sie als Antwort meist „Photoshop" der Firma Adobe (www.adobe.de). Professionelle Fotografen setzten fast ausschließlich Photoshop ein, da es alle Funktionen mitbringt, die Profis benötigen. Die enorme Funktionsfülle ist aber auch der größte Nachteil für Einsteiger. Anfänger werden von der schieren Anzahl an Werkzeugen, Menüs und Effekten regelrecht erschlagen. Und da es keine Assistenten und automatischen Funktionen gibt, wissen Anfänger nicht, wo sie mit der Bearbeitung beginnen sollen. Ein weiterer Knackpunkt: Je nach Version kostet Adobe Photoshop zwischen 200 (in der Studentenversion) und 1 000 Euro (in der Vollversion). Es gibt sogar eine Extended-Version zum Preis von circa 1 500 Euro, die für wissenschaftliche Aufgaben gerüstet ist.

Das Programm Adobe Photoshop ist nur etwas für Profis.

Von Photoshop gibt es einen kleineren Bruder namens Photoshop Elements, der ähnliche Funktionen besitzt wie das „große" Photoshop und mit rund 80 Euro wesentlich günstiger ist. Dank Assistenten und automatischen Korrekturfunktionen erzielen auch Einsteiger schnell die gewünschten Ergebnisse. Das können Gratisprogramme wie das in diesem Kapitel ausführlich vorgestellte Google Picasa aber genauso gut, in manchen Bereichen sogar noch besser.

Fotos verwalten, bearbeiten und präsentieren mit Google Picasa

Zu den einsteigerfreundlichsten Programmen zur Foto- und Bildbearbeitung zählt Google Picasa. Damit können Hobbyfotografen ganz einfach Bilder verwalten, bearbeiten, mit Freunden und Familie teilen oder drucken. Kenntnisse der Bildbearbeitung sind nicht notwendig. Auch mit Fachbegriffen wie Weißabgleich oder Tonwertkorrektur müssen Sie sich nicht beschäftigen. Sie können sofort loslegen.

Google Picasa installieren

Um das kostenlose Google Picasa auf Ihrem Computer nutzen zu können, müssen Sie es aus dem Internet herunterladen und auf dem Rechner installieren. Das dauert mit einer flotten DSL-Verbindung nur wenige Minuten.

So geht's: Mit folgenden Schritten richten Sie Google Picasa auf Ihrem Rechner ein:

❶ Starten Sie den Internet Explorer (*Start | Alle Programme | Internet Explorer*) oder einen anderen Internetbrowser, und rufen Sie die Seite *picasa.google.de* (ohne „www.") auf.

❷ Klicken Sie auf *Picasa herunterladen*.

❸ Am oberen Fensterrand erscheint eine gelbe Leiste. Klicken Sie auf den gelben Streifen, und wählen Sie den Befehl *Datei herunterladen*.

❹ Klicken Sie auf *Ausführen*.
❺ Sobald das Programm komplett aus dem Internet heruntergeladen wurde, klicken Sie erneut auf *Ausführen*.
❻ Mit dem Installationsprogramm richten Sie Google Picasa auf Ihrem Computer ein. Folgen Sie den Anweisungen des Assistenten, indem Sie auf *Annehmen* und *Installieren* klicken.
❼ Damit das Installationsprogramm keine Änderung an den Interneteinstellungen vornimmt, sollten Sie das letzte Kontrollkästchen *Google als Standardsuchmaschine in Internet Explorer* ausschalten.

Die Installation des kostenlosen Fotoprogramms Google Picasa dauert nur wenige Minuten.

Bilder organisieren

Es spielt keine Rolle, ob Sie nur zehn oder zehntausend Bilder verwalten möchten. Mit Google Picasa ist es ein Leichtes, den Überblick über die eigene Fotosammlung auf dem PC zu behalten.

So geht's: Um mit Google Picasa alle auf dem Computer gespeicherten Bilder zu verwalten und neue Bilder von der Digitalkamera auf den Rechner zu kopieren, gehen Sie folgendermaßen vor:

❶ Starten Sie Google Picasa mit dem Befehl *Start | Alle Programme | Picasa 2 | Picasa 2*.

❷ Wenn Sie Picasa zum ersten Mal starten, erscheint das Fenster *Picasa 2: Bilder-Scan*. Wählen Sie hier den Eintrag *Meinen Computer vollständig nach Bildern durchsuchen*, und klicken Sie auf *Weiter*.

❸ Picasa sucht anschließend auf Ihrem Computer und allen angeschlossenen Laufwerken nach Fotos. Die Bilder werden automatisch in die Bibliothek aufgenommen und nach Jahreszahlen sortiert. In der rechten oberen Ecke erscheint während des Imports ein kleines Statusfenster. Hier erkennen Sie, welche Fotos gefunden wurden.

❹ Sobald die Suche abgeschlossen ist, finden Sie alle Fotos in der linken Fensterspalte. Per Mausklick auf die Ordnernamen

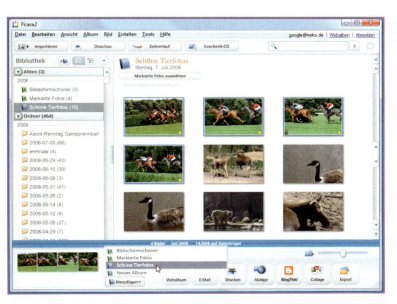

Über die Ordnerliste am linken Fensterrand haben Sie Zugriff auf alle Fotos Ihres Rechners.

blenden Sie eine Übersicht aller darin enthaltenen Digitalfotos ein.

❺ Sobald Sie mit Ihrer Digitalkamera neue Fotos machen, können Sie sie direkt von der Kamera auf den Computer kopieren und in Picasa anzeigen. Hierzu schließen Sie die Kamera an den Computer an und schalten sie ein. Windows erkennt automatisch, dass eine Digitalkamera angeschlossen wurde, und blendet das Dialogfenster *Automatische Wiedergabe* ein. Wählen Sie hier per Mausklick den Eintrag *Picasa2*. Sollte das Fenster nicht automatisch erscheinen, können Sie den Kopiervorgang auch direkt von Picasa aus starten. Klicken Sie hierzu in Picasa auf die Schaltfläche *Importieren*.

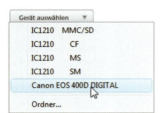

❻ Wählen Sie aus der Geräteliste Ihre Digitalkamera aus.

❼ Es erscheint eine Übersicht aller Fotos auf der Speicherkarte der Digitalkamera. Um alle Fotos zu übernehmen, klicken Sie auf die Schaltfläche *Alle importieren*.

Möchten Sie nur einzelne Bilder auf den Computer kopieren, halten Sie die [Strg]-Taste gedrückt und klicken nacheinander – mit weiterhin gedrückter [Strg]-Taste – auf die Einzelbilder. Sobald die gewünschten Fotos markiert sind, lassen Sie die [Strg]-Taste los und klicken auf *Auswahl importieren*.

❽ Im nächsten Fenster geben Sie einen Namen ein, unter dem die Bilder in Picasa einsortiert werden. Es empfiehlt sich ein aussagekräftiger Name wie *Urlaub 2008* oder *Hochzeit Dirk und Birgit*. Im Feld *Weitere Informationen* können Sie Zusatzinformationen eintragen, über die Sie die Bilder später leichter wiederfinden können.

Im Feld *Nach dem Kopieren* empfiehlt sich die Einstellung *Sicheres Löschen*. Damit werden die Bilder nach dem Kopiervorgang von der Speicherkarte der Digitalkamera gelöscht. So ersparen Sie sich das manuelle Löschen der Speicherkarte. Klicken Sie auf *Fertig stellen*, um die Fotos von der Digitalka-

Foto- und Bildbearbeitung 79

mera auf den Computer zu kopieren. Bestätigen Sie die Sicherheitsabfrage mit *Ja*. Sie finden die neuen Fotos anschließend in der Ordnerliste am linken Bildschirmrand.

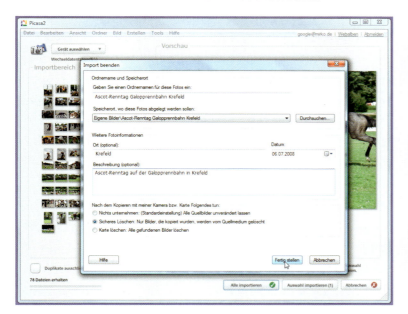

Mit dem Importassistenten übertragen Sie die Fotos von der Digitalkamera auf den Computer.

Mit der Zeit nehmen die Digitalfotos auf der Festplatte eine Menge Platz ein. Sie sollten daher nicht ausnahmslos jedes Foto aufbewahren, sondern regelmäßig im Fotoarchiv aufräumen und verwackelte oder misslungene Aufnahmen wieder löschen. Das spart Speicherplatz und sorgt für mehr Übersicht in Picasa. Um misslungene Aufnahmen zu entfernen, markieren Sie per Mausklick das entsprechende Foto und drücken die Taste Entf. Sobald Sie die Sicherheitsabfrage bestätigen, wird das Foto von der Festplatte gelöscht und aus dem Picasa-Album entfernt.

Alben für besondere Fotos anlegen

Für besonders schöne Fotos oder besondere Anlässe können Sie in Picasa ein virtuelles Fotoalbum anlegen. Dort können

Sie dann zum Beispiel alle Fotos zu einem bestimmten Anlass, einer Person, der Familie oder von bestimmten Orten ablegen. Wichtig dabei: Bei den Picasa-Alben handelt es sich um virtuelle Alben. Die Fotos bleiben physikalisch am gleichen Ort gespeichert, werden in Picasa aber noch einmal extra in einem separaten Album zusammengefasst.

So geht's: Um in Picasa ein neues Album, etwa für die schönsten Tierfotos anzulegen, gehen Sie folgendermaßen vor:
❶ Zunächst müssen Sie die Fotos markieren, die Sie in das virtuelle Album legen möchten. Hierzu klicken Sie auf das entsprechende Foto und anschließend auf die Sternchen-Schaltfläche. Das Foto wird anschließend in die Liste *Markierte Fotos* aufgenommen und zusätzlich in der rechten unteren Ecke mit einem kleinen gelben Sternchen markiert. Wiederholen Sie den Schritt für alle Fotos, die in das Album sollen.
❷ Klicken Sie in der Ordnerliste am linken Rand auf *Markierte Fotos*, um eine Übersicht aller markierten Bilder zu erhalten. Durch einen erneuten Klick auf die Sternchen-Schaltfläche können Sie Markierungen auch wieder entfernen.
❸ Klicken Sie auf die Schaltfläche *Markierte Fotos auswählen*, um alle Bilder mit Sternchen zu markieren. Sie erkennen die Markierung anhand eines blauen Rahmens um die Fotos.

❹ Anschließend klicken Sie am unteren Fensterrand auf *Hinzufügen* und wählen den Befehl *Neues Album*.
❺ Geben Sie einen treffenden Namen für das Album ein, und bestätigen Sie mit *OK*. Über die Liste *Alben* können Sie jetzt alle Fotos des virtuellen Albums einblenden.
❻ Zum Abschluss sollten Sie die Markierungen von den Fotos wieder entfernen. Hierzu klicken Sie in der Albenliste auf *Markierte Fotos*, dann auf die Schaltfläche *Markierte Fotos auswählen* und auf die Sternchen-Schaltfläche.

Fotos bearbeiten und optimieren

Auch wenn die Digitalkamera mit automatischen Motivprogrammen und Belichtungsfunktionen ausgestattet ist, kommt es immer wieder zu falsch belichteten Fotos oder anderen Bildfehlern. Das macht nichts, denn typische Fehler wie fehlender Kontrast, flaue Farben, Farbstiche oder zu helle beziehungsweise dunkle Fotos lassen sich ganz einfach korrigieren.

So geht's: Mit folgenden Schritten optimieren Sie Ihre Bilder:

❶ Um ein Foto zu bearbeiten, müssen Sie es zuerst mit einem Mausklick markieren. Möchten Sie mehrere Fotos hintereinander bearbeiten, können Sie sie zuerst in die Fotoablage legen. Hierzu klicken Sie auf das entsprechende Foto und anschließend auf *Halten*. Wiederholen Sie den Schritt für alle Fotos, die Sie bearbeiten möchten.

❷ Um das markierte Foto oder alle Fotos aus der Fotoablage zu bearbeiten, klicken Sie in der Fotoablage unten links doppelt (zweimal hintereinander) auf eines der Fotos.

❸ Picasa wechselt in die Bearbeitungsansicht. Hier stehen Ihnen am linken Bildschirmrand die verschiedenen Bearbeitungswerkzeuge zur Verfügung. Wenn es schnell gehen soll, klicken Sie auf die Schaltfläche *Auf gut Glück*. Damit versucht Picasa, automatisch Bildfehler zu erkennen und diese zu korrigieren. Bei vielen Fotos klappt das auch sehr gut. Auch die Schaltflächen *Kontrast (automatisch)* und *Farbe (automatisch)* sorgen oft mit nur einem Klick für einen knackigen Kontrast oder leuchtende Farben. Zu helle oder zu dunkle Bilder korrigieren Sie mit dem Schieberegler *Aufhellen*, indem Sie auf den Regler klicken und ihn mit gedrückter Maustaste nach rechts oder links schieben. Sollte Ihnen das Ergebnis nicht

zusagen, können Sie mit der Schaltfläche *Rückgängig machen* wieder zur ursprünglichen Version zurückkehren.

Tipp: Mehrere Fotos gleichzeitig bearbeiten. Wenn Sie mehrere Fotos zur Bearbeitung markiert oder diese in die Fotoablage gelegt haben, blendet Picasa am oberen Fensterrand eine kleine Fotoleiste ein. Über die Pfeilschaltfläche können Sie im Bearbeitungsmodus zu den anderen vorgemerkten Fotos wechseln.

❹ Wenn Sie das Foto später auf Fotopapier drucken beziehungsweise ausbelichten oder überflüssige Bildelemente entfernen möchten, sollten Sie es auf das richtige Format zuschneiden. Das geht am einfachsten per Klick auf *Zuschneiden*. Wählen Sie zunächst das gewünschte Format aus, etwa *13x18*. Anschließend klicken Sie ins Bild, halten die Maustaste gedrückt und ziehen – mit weiterhin gedrückter Maustaste – einen Rahmen für den Bildausschnitt auf. Sobald die gewünschte Größe erreicht ist, lassen Sie die Maustaste los. Jetzt können Sie den aufgezogenen Rahmen neu platzieren, indem Sie in den Rahmen klicken, erneut die Maustaste gedrückt halten und den Ausschnitt verschieben. Klicken Sie auf *Anwenden*, um das Bild in der gewählten Größe auszuschneiden.

❺ Sie haben ein Landschaftsfoto schief aufgenommen? Das macht nichts. Mit einem Klick auf die Schaltfläche *Ausrichtung* rücken Sie kippende Fotos wieder gerade. Hierzu klicken Sie auf den Schieberegler und verschieben ihn mit gedrückter Maustaste. Damit wird das Bild nach rechts beziehungsweise links gekippt. Ein Raster hilft Ihnen dabei, das Foto leichter

Foto- und Bildbearbeitung 83

an Horizonten oder anderen Bezugspunkten auszurichten. Sobald die Ausrichtung stimmt, klicken Sie auf *Anwenden*.

Das Ausrichten-Werkzeug rückt schief aufgenommene Fotos wieder gerade.

❻ Die automatischen Korrekturen für Helligkeit, Farbe und Kontrast funktionieren leider nicht bei jedem Foto. Bessere Ergebnisse erzielen Sie meist mit manuellen Korrekturen. Wechseln Sie hierzu in den Bereich *Feinabstimmung*. Hier stehen Ihnen folgende Werkzeuge zur Verfügung:

Mit dem *Aufhellen*-Werkzeug machen Sie das Foto im Ganzen heller oder dunkler. Dieses Werkzeug eignet sich ideal, wenn die gesamte Aufnahme falsch belichtet ist.	Aufhellen
Das *Highlight*-Werkzeug wirkt sich nur auf die hellen Bildbereiche aus; die dunklen Bereiche bleiben unverändert. Verwenden Sie dieses Werkzeug, wenn Sie ausschließlich helle Partien wie Gesichter oder Kleidungsstücke aufhellen möchten.	Highlights
Mit dem *Schatten*-Werkzeug behandeln Sie ausschließlich die dunklen Bildbereiche; helle Bereiche bleiben unverändert – ideal, um dunkle Bereiche zu verstärken und mehr Kontrast ins Bild zu bringen.	Schatten

	Das Werkzeug *Farbtemperatur* verwenden Sie bei farbstichigen Fotos. Aufnahmen im Innenraum – etwa bei der Beleuchtung mit Leuchtstoffröhren – haben oft einen Blaustich und wirken kühl. Mit dem Schieberegler *Farbtemperatur* sorgen Sie für eine wärmere oder kältere Lichtstimmung.
	Falls die Anpassung über den Regler *Farbtemperatur* nicht zum gewünschten Ergebnis führen und weiterhin ein Farbstich besteht, verwenden Sie die *Farbpipette*. Klicken Sie auf die Pipette und anschließend auf einen grauen oder weißen Bereich des Bildes. Picasa verwendet die angeklickte Stelle anschließend als Maßstab für den sogenannten Weißabgleich zum Entfernen von Farbstichen.
	Statt manuell die Regler zu verändern, können Sie auch auf die *Zauberstab*-Schaltfläche klicken. Picasa versucht dann, automatisch die richtige Einstellung zu finden. Auch wenn die Ergebnisse nicht auf Anhieb zufriedenstellen, können Sie Vorschläge als Grundlage für weitere eigene Feinanpassungen verwenden.

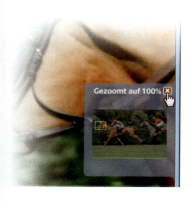

Um die Ergebnisse zu beurteilen, können Sie den Bildausschnitt vergrößern und Details einblenden. Für die 100-Prozent-Ansicht, bei der ein Bildpunkt auf dem Foto exakt einem Bildpunkt des Monitors entspricht, klicken Sie ins Bild und halten die Maustaste für rund eine Sekunde gedrückt. Sie sehen das Bild nun in der 100-Prozent-Vergrößerung. In der rechten unteren Ecke blendet Picasa eine verkleinerte Ansicht des Gesamtfotos ein. Hier können Sie mit gedrückter Maustaste den Ausschnitt beliebig verschieben. Auch andere Vergrößerungsstufen sind möglich. Hierzu verwenden Sie den Schieberegler am unteren Fensterrand. Um wieder zur Komplettansicht zurückzukehren, klicken Sie auf das kleine rote „x" der verkleinerten Ansicht.

❼ Besonders interessant ist der Bereich *Effekte*. Hier können Sie Ihre Fotos verfremden, in Schwarz-Weiß umwandeln oder mit Spezialeffekten wie Weichzeichnern oder Farbverläufen verschönern. Sie können auch mehrere Effekte miteinander

Foto- und Bildbearbeitung

kombinieren oder mehrfach hintereinander wiederholen. Auf der Übersicht erkennen Sie zunächst die zwölf verfügbaren Effekte sowie eine kleine Vorschau. Generell gilt: Bei allen Effekten, die unten rechts mit einer kleinen 1 versehen sind, können Sie keine weiteren Veränderungen vornehmen. Bei allen anderen Effekten erscheint nach dem Mausklick ein Fenster mit weiteren Optionen. Hier stellen Sie zum Beispiel die Intensität des Weichzeichners ein. Folgende Effekte stehen zur Verfügung:

Scharf stellen
Bringt mehr Schärfe ins Bild, indem die Kanten nachgeschärft werden. Das Bild wirkt dadurch „knackiger".

Sepia
Der Sepia-Effekt sorgt für eine künstliche Alterung des Bildes. Es sieht aus wie aus den Anfangszeiten der Fotografie.

S/W
Mit dem S/W-Filter wandeln Sie das Bild in ein Schwarz-Weiß-Foto um.

Wärmer gestalten
Sorgt für wärmere Farben.

Filmkörnung
Ergänzt eine leichte Körnung im Bild; das Foto wirkt damit „grieselig" und wie mit einer älteren oder minderwertigen Kamera aufgenommen.

Färbung
Hier legen Sie einen Farbfilter über das Bild, etwa einen Grünfilter. Über den Schieberegler *Farberhaltung* bestimmen Sie die Intensität des Effekts.

Sättigung
Erhöht die Farbsättigung und sorgt für „knallbunte" Fotos.

Weichzeichnen
Mit dem Weichzeichner stellen Sie bestimmte Bildbereiche absichtlich unscharf dar, um bildwichtige Bereiche hervorzuheben. Mit den Schiebereglern *Größe* und *Umfang* bestimmen Sie, wie groß der scharfe beziehungsweise unscharfe Bereich wird. Wo der scharfe Bildbereich liegt, legen Sie mit einem Klick ins Bild fest.

Schein
Mit *Schein* bringen Sie helle Bildbereiche zum Glühen, etwa die Chromteile eines Autos.

Gefiltertes S/W
Mit diesem Filter erzeugen Sie interessante Schwarz-Weiß-Effekte. Das Foto erscheint, als wäre es von einer Schwarz-Weiß-Kamera mit Farbfilter aufgenommen. Je nach Farbfilter werden unterschiedliche Bildbereiche hervorgehoben und verstärkt.

S/W-Fokus
Mit dem Schwarz-Weiß-Fokus stellen Sie nur bestimmte Bildbereiche farbig dar – der Rest erscheint in Schwarz-Weiß. Welcher Bildbereich farbig bleiben sollen, bestimmen Sie per Klick ins Bild. Mit den Reglern *Größe* und *Schärfe* legen Sie die Ausmaße und Intensität des Effekts fest.

Farbverlauf
Legt einen Farbverlauf über das Bild und eignet sich besonders für Landschaftsaufnahmen, um den Himmel dramatischer darzustellen.

Bilder als Diaschau am Bildschirm betrachten

Bilder sind nicht nur zum Speichern auf dem Computer da. Die schönsten Aufnahmen können Sie mit einer virtuellen Diaschau am Bildschirm genießen. Die ausgesuchten Fotos werden automatisch weitergeblättert und formatfüllend am PC-Bildschirm dargestellt.

So geht's: Um eine Diashow der schönsten Fotos zu starten, gehen Sie folgendermaßen vor:

❶ Stellen Sie zunächst ein Album mit den Fotos zusammen, die in der Diashow gezeigt werden sollen. Wie Sie ein virtuelles Album anlegen, kennen Sie aus dem Abschnitt *Alben für besondere Fotos anlegen* (→ Seite 79). Nennen Sie das neue Album zum Beispiel *Diaschau*.

❷ Auf Wunsch können Sie die Diaschau mit Musik hinterlegen. Sie benötigen hierzu Musikdateien im MP3-Format. Zur Musikauswahl rufen Sie den Menübefehl *Tools | Optionen* auf und wechseln in das Register *Diaschau*. Klicken Sie auf die Schaltfläche *Durchsuchen*, und wählen Sie im folgenden Fenster den Ordner aus, in dem sich

die MP3-Musikdateien befinden, die während der Wiedergabe gespielt werden sollen. Schließen Sie die Fenster mit *OK*.

❸ Markieren Sie im Bereich *Alben* das Album, dessen Bilder in der Diaschau gezeigt werden sollen. Alternativ hierzu können Sie die Fotos für die Diaschau auch direkt auswählen, indem Sie in der Bibliothek mit gedrückter `Strg`-Taste nacheinander auf die entsprechenden Fotos klicken.

❹ Um die Diaschau zu starten, klicken Sie auf die Schaltfläche *Diaschau*.

Picasa blendet alle Programmfenster aus und stellt das erste Foto formatfüllend auf dem Bildschirm dar. Nach einigen Sekunden wechselt Picasa automatisch zum nächsten Bild. Über die Pfeiltasten ← und → können Sie aber auch manuell durch die Fotos blättern. Um die Diaschau zu beenden, drücken Sie die Taste Esc.

Bilder im Internet veröffentlichen und mit Freunden teilen

Wenn Sie Freunden und Bekannten eine Auswahl Ihrer Fotos zeigen möchten, können Sie Ihre Bilder auch im Internet veröffentlichen. In Google Picasa gibt es hierzu das *Webalbum*. Das ist ein Fotoalbum, das im Internet veröffentlicht wird und von jedem Internet-PC aus betrachtet werden kann. Die Bilder werden dabei von Ihrem Computer auf die Computer des Anbieters Google kopiert. Wer auf das Online-Fotoalbum zugreifen darf und welche Fotos dort zu sehen sind, bestimmen Sie selbst.

So geht's: Gehen Sie folgendermaßen vor, um mit Google Picasa ausgesuchte Fotos im Internet zu veröffentlichen:

❶ Im ersten Schritt stellen Sie ein Album mit den Fotos zusammen, die im Internet veröffentlicht werden sollen. Wie Sie ein virtuelles Album anlegen, kennen Sie aus dem Abschnitt *Alben für besondere Fotos anlegen* (→ Seite 79). Nennen Sie das neue Album zum Beispiel *Webalbum*.

❷ Markieren Sie im Bereich *Alben* das Album, das die Bilder für das Webalbum enthält. Alternativ hierzu können Sie die Bilder auch direkt auswählen, indem Sie in der Bibliothek mit gedrückter Strg -Taste nacheinander auf die entsprechenden Fotos klicken. Welche Fotos ausgewählt sind, erfahren Sie in der linken unteren Ecke des Picasa-Fensters.

❸ Klicken Sie am unteren Fensterrand auf die Schaltfläche *Webalbum*.

❹ Um im Webalbum Fotos zu veröffentlichen, benötigen Sie ein Webalben-Benutzerkonto bei Google. Falls Sie noch kein Webalben-Konto besitzen, klicken Sie auf *Für Webalben anmelden*. Sie werden anschließend auf die Internetseite zur Anmeldung eines kostenlosen Webalben-Kontos weitergeleitet. Folgen Sie den Anweisungen des Installationsassistenten, um die Kontoeinrichtung abzuschließen.

❺ Geben Sie die Zugangsdaten zu Ihrem persönlichen Webalben-Konto ein, und klicken Sie auf *Anmelden*.

❻ Im Feld *Upload-Einstellungen* bestimmen Sie die Größe der Fotos. Dabei gilt: Je größer die Fotos, umso besser ist die Qualität, umso länger dauert aber auch das Hochladen. Empfehlenswert ist die Einstellung *Optimiert*.

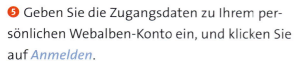

Wenn Sie mit einem DSL-Anschluss ins Internet gehen, können Sie auch *Längste Uploadzeit, größtes Format* verwenden; bei langsamen Modem- oder ISDN-Verbindungen ist *Mittlere Größe, schnellstes Upload* ideal.

❼ Im nächsten Dialogfenster geben Sie einen Namen sowie eine Beschreibung ein, unter der das Album später im Internet zu finden sein wird. Wählen Sie im Feld *Sichtbarkeit*, wer die Fotos sehen darf.

Mit dem Eintrag *Öffentlich* ist das Webalbum weltweit für jedermann sichtbar. Diese Option ist ideal, wenn die Empfänger nicht über eigene Google-Konten verfügen und Sie Ihre Bilder möglichst schnell und unkompliziert veröffentlichen möchten.

Sollen die Fotos nicht für alle zugänglich sein, wählen Sie den Eintrag *Nicht aufgelistet*. Dann ist das Webalbum „versteckt" und kann nur von bestimmten Personen eingesehen werden. Welche das sind, legen Sie später in den Webalben-Einstellungen fest.

 Klicken Sie auf *OK*, um die Bilder von Ihrem Computer auf die Computer des Anbieters Google zu kopieren. Im Statusfenster erkennen Sie, wie lange das Hochladen noch ungefähr dauert.

Sobald alle Fotos hochgeladen wurden, sind sie über den Internet Explorer für jedermann oder nur für eingeladene Nutzer sichtbar. Klicken Sie nach dem Hochladen auf *Online anschauen*, um direkt zum Online-Fotoalbum zu wechseln. Die Internetadresse Ihres Webalbums finden Sie in der Adressleiste des Internet Explorers. Die Adresse hat das Format *http://picasaweb.google.de/PicasaName/WebalbumName*, wobei *PicasaName* Ihren Benutzernamen bei Picasa und *WebalbumName* den Namen des Webalbums angibt. Über

die Schaltfläche *Album-Link senden* können Sie die Adresse per E-Mail an Freunde und Bekannte schicken. Ganz wichtig: Wenn Sie sich beim Hochladen für die Einstellung *Nicht aufgelistet* entschieden haben, wird die Adresse um den Zusatz authkey und einen Zugangscode ergänzt, zum Beispiel in der Form *http://picasaweb.google.de/MirkoMueller/AscotRenntag?authkey=4jqocvBwa84*

Damit wird sichergestellt, dass nur Benutzer, denen Sie die komplette Adresse inklusive Zugangsschlüssel geschickt haben, das Album sehen können. Für alle anderen Internetnutzer ist das Onlinealbum unsichtbar.

Um das Online-Fotoalbum wieder zu löschen, klicken Sie auf *Album löschen*. Dabei werden nur die Kopien auf den Computern von Google gelöscht. Auf Ihrem eigenen Rechner sind die Fotos weiterhin vorhanden.

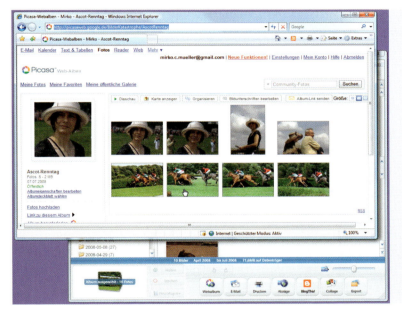

Mit der Funktion Webalbum veröffentlichen Sie Ihre Fotos im Internet.

Collagen erstellen und einzelne Fotos per E-Mail verschicken

Wenn Sie Freunden und Bekannten nur einzelne oder eine Handvoll Bilder zeigen möchten, verwenden Sie am besten die E-Mail-Funktion von Google Picasa. Damit verschicken Sie verkleinerte Versionen der Fotos als Dateianhang an den Empfänger. Eine besonders schöne Variante sind Collagen; das sind schicke Zusammenstellungen mehrerer Fotos in einer einzigen Grafikdatei.

So geht's: Gehen Sie folgendermaßen vor, um mit Google Picasa Einzelfotos oder Collagen per E-Mail zu versenden:

❶ Markieren Sie per Mausklick alle Fotos, die Sie verschicken möchten. Um mehrere Bilder gleichzeitig zu markieren, halten Sie die [Strg]-Taste gedrückt und klicken nacheinander – bei weiterhin gedrückter [Strg]-Taste – auf die einzelnen Fotos. Sie erkennen markierte Fotos anhand des blauen Rahmens; zusätzlich erscheint eine verkleinerte Version in der Fotoablage unten links. Alternativ hierzu können Sie auch ein virtuelles Album zusammenstellen. Wie das geht, kennen Sie aus dem Abschnitt *Alben für besondere Fotos anlegen* (→ Seite 79).

❷ Um die ausgewählten Fotos per E-Mail zu verschicken, klicken Sie auf die Schaltfläche *E-Mail*. Wählen Sie im nächsten Fenster, mit welchem E-Mail-Programm Sie die Fotos

Mit der E-Mail-Funktion verschicken Sie ausgesuchte Bilder als Dateianhang an beliebige E-Mail-Empfänger.

senden möchten. Zur Wahl stehen das auf Ihrem Computer installierte E-Mail-Programm und Googles Maildienst Google Mail. Empfehlenswert ist das Standard-E-Mail-Programm Ihres Computers, zum Beispiel Microsoft Outlook. Im E-Mail-Programm müssen Sie nur noch die Empfängeradresse sowie den Betreff der Nachrichten eingeben und dann auf die Schaltfläche *Senden* klicken.

❸ Eine schöne Alternative zum klassischen E-Mail-Versand ist die Collage, ein Potpourri der schönsten Fotos als Fotostapel. Markieren Sie mindestens sechs Fotos, und klicken Sie am unteren Fensterrand auf die Schaltfläche *Collage*.

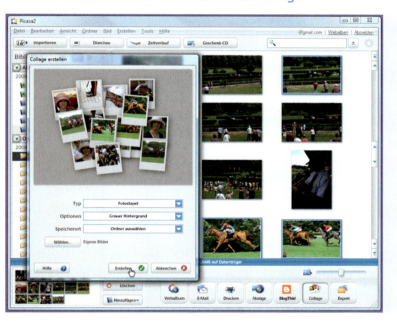

Eine Foto-Collage ist eine reizvolle Variante zum Präsentieren der schönsten Bilder.

Im nächsten Fenster wählen Sie die gewünschte Variante, zum Beispiel *Fotostapel*, und legen die Hintergrundfarbe fest. Klicken Sie auf die Schaltfläche *Wählen*, um den Ordner festzulegen, in dem die Collagengrafik gespeichert werden soll. Ideal ist der Ordner *Bilder* beziehungsweise *Eigene Bilder*. Klicken Sie abschließend auf *Erstellen*. Die Collage wird als neues Foto gespeichert und lässt sich wie jedes andere Foto auch in Picasa nachbearbeiten oder per E-Mail verschicken.

Fotos drucken

Die schönsten Fotos sollten nicht auf der Festplatte des Computers „verstauben". Mit Google Picasa können Sie ganz einfach die besten Aufnahmen auf dem eigenen Drucker ausgeben.

So geht's: Es ist ganz einfach, mit Google Picasa ausgesuchte Fotos auszudrucken oder ausbelichten zu lassen. Gehen Sie wie folgt vor:

❶ Im ersten Schritt markieren Sie die gewünschten Fotos, indem Sie mit gedrückter `Strg`-Taste auf die einzelnen Bilder klicken.

❷ Anschließend klicken Sie auf die Schaltfläche *Drucken*.

❸ Im nächsten Fenster legen Sie in der oberen linken Ecke das Druckformat fest. Zur Auswahl stehen verschiedene Standardformate wie 10 x 15 oder 13 x 18.

Originalmaße der Fotos beibehalten

Tipp: Fotos auf echtem Fotopapier ausbelichten lassen. Statt die Fotos auf dem eigenen Drucker auszugeben, können Sie sie auch von professionellen Fotolabors ausbelichten lassen. Das ist mit Preisen von rund neun Cent pro Foto sogar günstiger als das Drucken daheim. Da noch Versandkosten von rund drei Euro hinzukommen, lohnt sich das Ausbelichten aber erst ab circa zehn Fotos. Ein weiterer Vorteil: Die Fotos werden auf echtem Fotopapier gedruckt, bieten meist eine höhere Qualität und sind lichtbeständiger.

❹ Ganz wichtig: Die meisten Digitalkameras fotografieren in einem anderen Maß als die üblichen Standardformate.

Google Picasa schneidet die Fotos daher automatisch auf die richtige Größe zu, etwa auf das Maß 10 x 15. Möchten Sie das Foto lieber unverändert in den Originalproportionen drucken, klicken Sie auf die Schaltfläche *Größe anpassen*.

❺ Im Bereich *Druckereinstellungen* wählen Sie einen der angeschlossenen Drucker, die Einstellungen für den Druck sowie die Anzahl der Kopien aus.

❻ Klicken Sie auf *Drucken*, um den Druckvorgang zu starten.

Über die Druckfunktion geben Sie einzelne oder mehrere Fotos auf dem angeschlossenen Drucker aus.

Sicherheitskopien auf DVD anlegen

Nichts ist tragischer, als Familienfotos oder Urlaubserinnerungen unwiederbringlich zu verlieren. Das ist schnell passiert. Die Fotodateien können zum Beispiel durch versehentliches Löschen, einen Defekt an der Festplatte, Blitzeinschlag oder Diebstahl verloren gehen. Umso wichtiger ist es daher, von allen Fotos regelmäßig Sicherheitskopien anzulegen.

So geht's: Mit Google Picasa dauert es nur wenige Mausklicks, um alle Fotos auf einer DVD zu sichern. Das geht folgendermaßen:

❶ Rufen Sie den Menübefehl *Tools | Bilder sichern* auf.
❷ Um alle Fotos zu sichern, klicken Sie auf die Schaltfläche *Alle auswählen*. In der blauen Zeile darüber erfahren Sie, wie viele Bilder gesichert und wie viele DVD-Rohlinge benötigt werden.

❸ Klicken Sie auf *Brennen*, um das Brennprogramm zu starten und alle ausgewählten Fotos als Sicherheitskopie auf die DVD-Rohlinge zu brennen. Picasa sagt Ihnen, wann Sie einen neuen Rohling einlegen und wie Sie ihn beschriften müssen.

Damit Sie durch Diebstahl, Viren, einen Computerdefekt oder Bedienfehler nicht versehentlich ihre Digitalfotos verlieren, sollten Sie regelmäßig Sicherheitskopien der Bilddateien anlegen.

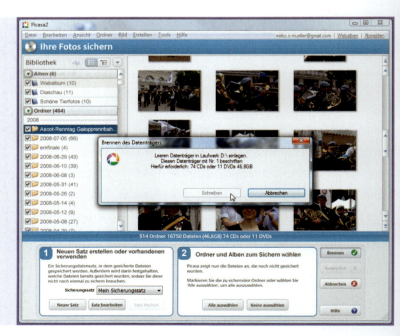

Weitere Gratisalternativen

Google Picasa gehört mit Abstand zu den am einfachsten zu bedienenden Programmen zur Foto- und Bildbearbeitung. Es gibt zwar weitere interessante Gratisalternativen, die oft aber nur einen Teilbereich abdecken — etwa die reine Bildbearbeitung — und nicht alle Arbeiten von der Bildverwaltung über die Bearbeitung bis zum Veröffentlichen im Internet. Zu den besten Gratisalternativen zählen folgenden Programme:

- **Gimp**

  www.gimp.org

  Das kostenlose Bildbearbeitungsprogramm Gimp sieht nicht nur so aus wie das bei Profis beliebte kommerzielle Programm Photoshop, auch die Funktionen sind in vielen Bereichen identisch. Das hat nicht nur Vorteile. Da es keine Assistenten oder Ein-Klick-Lösungen zum schnellen Korrigieren oder Anpassen gibt, ist Gimp nichts für Anfänger.

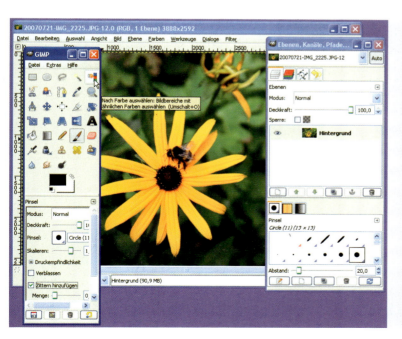

Nichts für Anfänger: Gimp gibt es zwar kostenlos, ist aber nur etwas für Enthusiasten, die sich intensiv einarbeiten möchten.

- **Paint.NET**

  www.getpaint.net

  Auch das Gratisprogramm Paint.NET verfügt über Profifunktionen des Vorbilds Photoshop. Daher gilt auch hier: Wer Assistenten zum Anpassen von Farbe und Helligkeiten oder zur Korrektur von Tiefen und Lichtern sucht, liegt bei Paint.NET falsch. Die Profifunktionen von Paint.NET sind nur etwas für Anwender, die genau wissen, mit welchen Werkzeugen Kontraste verstärkt oder zu dunkle Bereiche aufgehellt werden.

Auch das kostenlose Fotoprogramm Paint.NET ist nur etwas für fortgeschrittene Anwender.

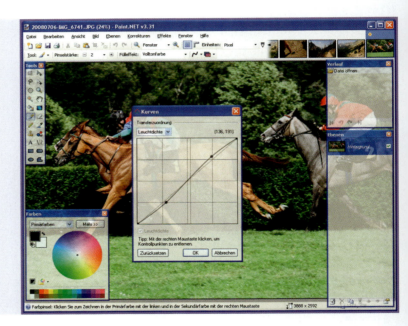

- **Photoshop Express**

  www.photoshop.com/express

  Mit Photoshop Express bietet der Marktführer Adobe eine kostenlose Variante des beliebten Grafikprogramms Photoshop an. Allerdings führt der Name hier eher in die Irre: Photoshop Express ist kein eigenes Programm, das Sie auf dem Computer installieren; es läuft als reine Internetanwendung im Fenster des Internet Explorers und bietet einen bescheidenen Funktionsumfang. Alle Arbeitsschritte nehmen Sie im Internet Explorer vor. Die Bilder werden über das Internet auf die Computer von Adobe übertragen und dort online bearbeitet. Die Bedienung ist zwar gewöhnungsbedürftig, bietet aber Funktionen und Assistenten speziell für Einsteiger. Ein Nachteil: Bislang (Stand: September 2008) gibt es Photoshop Express nur in englischer Sprache.

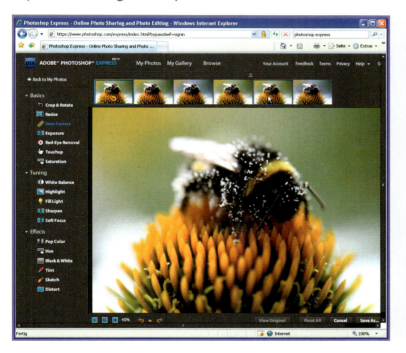

Das kostenlose Onlineprogramm Photoshop Express bietet gute Fotofunktionen; die Bedienung über den Internet Explorer ist aber gewöhnungsbedürftig und ohne DSL kein Spaß.

● **IrfanView**

www.irfanview.de

IrfanView ist vor allem ein Bildbetrachter, der besonders zum schnellen Blättern durch Bilddateien konzipiert wurde. Wenn Ihre Fotosammlung mehrere Tausend Bilder umfasst, erhalten Sie mit IrfanView einen schnellen Gesamtüberblick und können blitzschnell durch das Bildarchiv blättern. IrfanView enthält zudem einige Funktionen zur Bildbearbeitung und zum Ändern der Bildgrößen und Dateiformate. Die Bedienung der Bearbeitungsfunktionen ist allerdings nicht so komfortabel wie bei Google Picasa. Seine Stärken hat das Programm beim Umbenennen und Umformatieren von größeren Bildbeständen, die als Stapelbearbeitung automatisch in einem Rutsch erfolgen.

IrfanView ist vor allem ein Bildbetrachter, mit dem Sie schnell einen Überblick über Ihre Bildersammlung erhalten. Die Bearbeitungsfunktionen sind nur rudimentär.

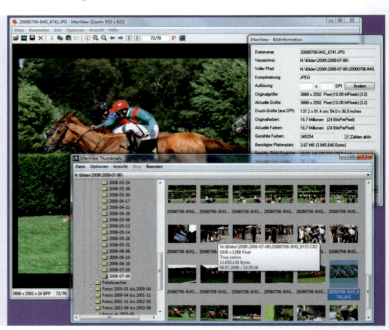

- **XnView**

  www.xnview.de

  Wie IrfanView ist auch XnView hauptsächlich ein Bildbetrachter zur schnellen Ansicht von Bildern. Da über 400 Dateiformate unterstützt werden, kann XnView praktisch alle Fotoformate darstellen.

- **pictomio**

  www.pictomio.de

  Das relativ neue Programm pictomio (Version 1.0, Stand:

September 2008) ist am ehesten mit Picasa zu vergleichen. Die Bildverwaltung steht im Vordergrund, leistungsfähige Bildverarbeitungsfunktionen sind aber integriert. Die relativ modern aussehende Oberfläche hebt das Programm deutlich von den anderen vorgestellten Fotoanwendungen ab. Ein Pluspunkt ist das hinzuladbare Modul pictoGEO zum GeoTagging.

Musik aufnehmen, verwalten und abspielen

Musik lässt sich heutzutage bequem mit dem Computer verwalten. Mit den passenden Programmen ist es kein Problem, die Musiksammlung zu durchsuchen, Titel zu sortieren und Abspiellisten zusammenzustellen – natürlich kostenlos.

Die Messlatte: Magix MusicFinder und Nero

Zur Verwaltung der Musiksammlung auf dem PC ist das Angebot kommerzieller Produkte dünn gesät. Das liegt daran, dass die Verwaltung digitaler Musik bei Windows zur Standardfunktion gehört. Auch Musikanbieter wie Apple iTunes liefern zur Musik gleich das passende Musikprogramm kostenlos dazu. Einzig kommerzielle Programme wie Magix MusicFinder (www.magix.de, circa 20 Euro) bieten interessante Zusatzfunktionen, die zum Beispiel automatisch ähnliche Titel finden.

Sehr interessant: Das kommerzielle Programm Magix MusicFinder findet auf Knopfdruck ähnliche Titel.

Anders sieht es bei den Programmen zum Brennen von CDs und DVDs aus. Das Betriebssystem Windows ist zwar von Hause aus mit einem eigenen Brennprogramm ausgestattet, das aber nur über rudimentäre Brennfunktionen verfügt. Mehr Komfort bieten kommerzielle Brennprogramme wie der Marktführer Nero (www.nero.com/deu) für rund 60 Euro. Fast alle Funktionen der kommerziellen Brennprogramme finden Sie aber auch bei kostenloser Brennsoftware. Welche Gratisprogramme sich am besten eignen und wie Sie sie bedienen, erfahren Sie in diesem Kapitel.

Nero gilt unter Profis als das Schweizer Messer der Brennprogramme.

Die Musikverwaltung von Windows

Wenn auf Ihrem Computer das Betriebssystem Windows XP oder Windows Vista installiert ist, können Sie zur Musikverwaltung das Windows-eigene Programm Windows Media Player verwenden; Sie finden es im Startmenü unter *Alle Programme*. Mit dem Windows Media Player verwalten Sie ohne zusätzliche Installation Ihre digitale Musiksammlung, brennen Musik auf CD und kopieren Titel auf tragbare MP3-Spieler. Bei Musikliebhabern ist der Media Player allerdings nicht sehr beliebt. Das Programm ist vielen Anwendern zu langsam, die Bedienung zu umständlich. Wer mehr Komfort und Geschwindigkeit wünscht, greift daher besser zu Alternativen wie iTunes oder Winamp.

Musik verwalten mit iTunes

Zu den besten Programmen zur Musikverwaltung gehört iTunes der Firma Apple. Ursprünglich diente iTunes dazu, im Online-Musikkaufhaus von Apple – dem iTunes Store – die gekauften Titel herunterzuladen und abzuspielen. Mit iTunes können Sie aber auch alle anderen digitalen Musikstücke verwalten, die auf der Festplatte Ihres Computers gespeichert sind. Beliebt ist iTunes, da es sich besonders einfach bedienen lässt und auch Einsteiger mit wenigen Handgriffen Musik abspielen und Wiedergabelisten anlegen können.

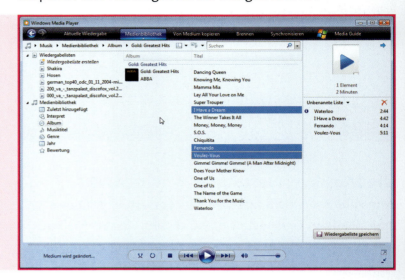

Der Windows Media Player ist standardmäßig auf jedem Windows-PC installiert.

iTunes installieren

Bevor Sie iTunes nutzen können, müssen Sie das Programm auf Ihrem Computer installieren. Das dauert nur wenige Minuten.

So geht's: Zum Installieren von iTunes gehen Sie wie folgt vor:
❶ Starten Sie den Internet Explorer (oder einen anderen Internetbrowser) mit dem Befehl *Start* | *Alle Programme* | *Internet Explorer*, und rufen Sie die Internetseite www.apple.com/de/itunes auf.
❷ Klicken Sie in der rechten Spalte auf *Jetzt laden*.
❸ Um E-Mail-Werbung zu vermeiden, entfernen Sie auf der

nächsten Seite die Häkchen aus den beiden Kontrollkästchen. Lassen Sie das Feld *E-Mail-Adresse* leer, und klicken Sie auf *iTunes kostenlos laden*.

❹ Klicken Sie auf *Ausführen*, um die Installationsdateien herunterzuladen. Sobald der Ladevorgang abgeschlossen ist, klicken Sie erneut auf *Ausführen*.

❺ Folgen Sie den Anweisungen des Installationsassistenten, um die Installation abzuschließen.

❻ Nach der Installation starten Sie iTunes per Mausklick auf das iTunes-Symbol oder über den Befehl *Start* | *Alle Programme* | *iTunes* | *iTunes*.

❼ Beim ersten Start erscheint der Einrichtungsassistent. Bestätigen Sie das erste Fenster des Assistenten mit *Weiter*.

❽ Lassen Sie im zweiten Fenster die beiden Kontrollkästchen angekreuzt, und klicken Sie auf *Weiter*.

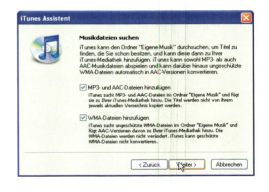

❾ Im nächsten Fenster sollten Sie die Option *Ja, den iTunes-Musikordner verwalten* wählen. Damit sorgt iTunes automatisch dafür, dass alle Musikdateien auf der Festplatte übersichtlich nach Interpreten und Titel sortiert werden. Bestätigen Sie die Auswahl mit *Weiter*.

❿ Im letzten Fenster aktivieren Sie die Einstellung *Nein, meine iTunes-Mediathek öffnen* und schließen die Einrichtung mit einem Klick auf *Fertig stellen* ab.

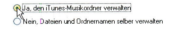

Musik in die Mediathek aufnehmen

Mit iTunes haben Sie Zugriff auf alle Multimediadateien, die auf dem Computer oder externen Festplatten gespeichert sind. Dazu gehören neben Musiktiteln auch Videos und Hörbücher. Alle Titel und Filme werden dabei in der Medienbibliothek verwaltet. Im ersten Schritt sollten Sie iTunes mitteilen, wo Ihre Musikdateien liegen und welche Titel in die Medienbibliothek aufgenommen werden.

Standardmäßig erscheinen in der Medienbibliothek alle Musikstücke, die auf Ihrem Computer in den Ordnern *Eigene Musik* beziehungsweise *Musik* gespeichert sind. Wenn Sie beim ersten Start im Einrichtungsassistenten die Option *Ja, den iTunes-Musikordner verwalten* angekreuzt haben, werden die Musikstücke automatisch in den Unterordner *\iTunes\iTunes Music* verschoben und für jeden Interpreten ein eigener Unterordner angelegt, etwa *\iTunes\iTunes Music\Abba*.

Wenn Ihre Musik in anderen Ordnern als in Eigene Musik *oder* Musik *liegt, teilen Sie iTunes mit dem Befehl* Ordner zur Mediathek hinzufügen *mit, wo sich die digitalen Musikdateien befinden.*

So geht's: Liegen die Musikdateien in einem anderen Ordner oder auf einer angeschlossenen USB-Festplatte, teilen Sie iTunes folgendermaßen den Speicherort der Musikdateien mit, um sie in die Medienbibliothek aufzunehmen.

❶ Starten Sie iTunes per Mausklick auf das iTunes-Symbol oder über den Befehl *Start | Alle Programme | iTunes | iTunes*.

❷ Wählen Sie im Menü *Datei* den Befehl *Ordner zur Media-*

thek hinzufügen.

❸ Im nächsten Fenster markieren Sie den Ordner, in dem sich die Musikdateien befinden. Bestätigen Sie die Auswahl mit OK.

❹ iTunes durchsucht daraufhin den Ordner nach neuen Musikdateien und nimmt sie in die Medienbibliothek auf.

Musik-CDs einlesen und als Musikdateien speichern

Mit iTunes können Sie nicht nur Musikstücke abspielen, die als digitale Musikdatei auf dem Computer abgelegt sind. Zwar ist es auch möglich, eine in den CD/DVD-Spieler des Rechners eingelegte Musik-CD abzuspielen, bequemer ist es jedoch, die Titel der Musik-CD auf die Festplatte zu kopieren. Zum Abspielen müssen Sie dann nicht erst die passende CD heraussuchen.

Beim Umwandeln von Audio-CDs in Musikdateien gibt es allerdings eine Hürde: Seit dem Jahr 2000 sind viele Audio-CDs mit einem Kopierschutz versehen, der das Umwandeln der Audiodateien verhindert. Auf der Rückseite der CD-Hülle sind solche CDs mit einem *Copy-Control*-Logo beziehungsweise einem Hinweis wie *Diese CD ist kopiergeschützt* versehen.

Zwar ist es technisch möglich, den Kopierschutz zu umgehen, der Verkauf solcher „Knackprogramme" ist aber in Deutschland verboten. Zudem verbietet das Urheberrecht eine Umgehung der Kopierschutzmechanismen.

Der Kopierschutz ist allerdings in die Kritik geraten. Da kopiergeschützte Audio-CDs vielen CD-Spielern Probleme bereiten und daher oft auch als „Un-CDs" betitelt werden, verzichten mittlerweile viele Anbieter auf den Schutz. Ein Großteil der aktuell erhältlichen Audio-CDs wird wieder ohne Kopierschutz verkauft. Generell gilt: Das Einlesen von Audio-CDs in den Computer ist nur bei Audio-CDs ohne Kopierschutz gestattet. Und auch dann nur im Rahmen des Urheberrechts, das Kopien nur im privaten Rahmen erlaubt.

So geht's: Gehen Sie folgendermaßen vor, um Audio-CDs ohne Kopierschutz mit iTunes zu digitalisieren:
❶ Starten Sie iTunes, und legen Sie die Audio-CD in das CD- oder DVD-Laufwerk des Rechners.

❷ Das Programm erkennt automatisch, dass eine Audio-CD eingelegt wurde, und fragt sofort, ob die gefundene CD eingelesen werden soll. Beantworten Sie diese Frage mit *Ja*.
Sollte das Dialogfenster nicht erscheinen, klicken Sie im iTunes-Programmfenster unten rechts auf die Schaltfläche *CD importieren*.

❸ Alle Musikstücke der Audio-CD werden anschließend in den Computer eingelesen und als digitale Musikdateien auf dem Rechner abgelegt. Da iTunes mit verschiedenen Musikformaten umgehen kann, sollten Sie prüfen, ob Ihr bevorzugtes Format eingestellt ist. Über *Bearbeiten* | *Einstellungen* öffnen Sie einen Dialog mit verschiedenen Registerkarten. Wählen Sie *Erweitert* und öffnen Sie auf dieser Karte die Einstellungen für das *Importieren*. Hier können Sie jetzt bei Bedarf auf MP3 umstellen, ein Format, das von jedem Musikplayer verstanden wird. Das AAC-Format ist fast nur auf einem iPod von Apple zu nutzen.

Da iTunes die CDs mit zehnfacher oder noch höherer Geschwindigkeit einliest, dauert der Lesevorgang pro CD nur wenige Minuten. Im Statusfenster erkennen Sie, welche Titel gerade eingelesen werden. Nach dem Einlesen sortiert iTunes die Stücke automatisch in die Musikbibliothek ein.

Achtung: Nur ungeschützte CDs. Das Einlesen von Audio-CDs ist nur bei CDs ohne Kopierschutz möglich. Ist ein Kopierschutz vorhanden, erscheint eine Fehlermeldung, oder der Lesevorgang bricht ab.

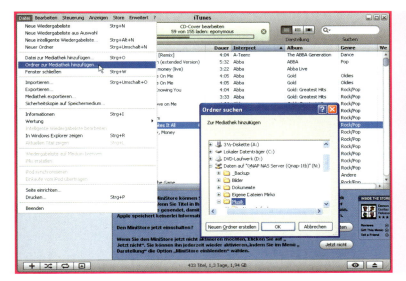

Ungeschützte Audio-CDs lassen sich mit wenigen Mausklicks in den Computer einlesen.

Musik suchen und abspielen

Sobald alle Musikdateien in die Medienbibliothek aufgenommen wurden, können Sie bequem auf die gesamte Sammlung zugreifen und einzelne Titel abspielen.

So geht's: So sortieren Sie Ihre digitale Musik und spielen Ihre Lieblingsstücke über die Lautsprecher des PCs oder einen Kopfhörer ab:

❶ Klicken Sie in der linken Spalte im Bereich *Mediathek* auf *Musik*.

❷ In der rechten Fensterhälfte erscheint eine Übersicht aller Musikdateien. In welcher Form die Dateien angezeigt werden, bestimmen Sie über die kleine Symbolleiste in der oberen rechten Ecke. Folgende Darstellungsvarianten stehen zur Auswahl:

	Alle Musiktitel erscheinen in einer langen Textliste untereinander. Diese Darstellung empfiehlt sich, wenn Sie auf dem Bildschirm keinen Platz verschwenden und möglichst viele Informationen einblenden möchten.
	Die Musikdateien werden nach Alben sortiert. Zur besseren Übersicht erscheint zu jedem Album das Albumcover. Verwenden Sie diese Ansicht, wenn Sie ein bestimmtes Album suchen.
	Besonders interessant ist die Cover-Flow-Ansicht. Hier wird über der Listenansicht ein Bereich mit allen Albumcovern angezeigt. Über die Bildlaufleiste unterhalb der Cover können Sie durch die Alben blättern.

❸ Über die Listenansicht finden Sie ganz schnell die gewünschten Titel. Um die Liste neu zu sortieren, etwa nach Interpreten oder Alben, klicken Sie in der Tabelle auf den entsprechenden Tabellenkopf, zum Beispiel auf *Interpret*. Ein kleiner Pfeil zeigt, in welcher Reihenfolge die Liste sortiert wird. Um die Reihenfolge umzukehren, klicken Sie erneut auf den kleinen Pfeil.

❹ Über die Tasten ⬆, ⬇, ⬆Bild und ⬇Bild oder die Bildlaufleiste am rechten Rand können Sie jetzt bequem durch die Musikliste blättern. Zum schnellen Navigieren gibt es eine elegante Abkürzung: Um direkt zu einem bestimmten Titel zu springen, geben Sie den Anfangsbuchstaben ein, etwa „E" für *Elvis Presley*.

Tipp: Nach Stichworten suchen. Wenn Sie ein ganz bestimmtes Musikstück suchen, ist das Suchfeld in der rechten oberen Ecke empfehlenswert. Geben Sie ein Stichwort ein, zum Beispiel einen Teil des Titels, Albums oder Interpreten, und bestätigen Sie mit der ⏎-Taste. iTunes listet nur dazu passende Titel auf. Um wieder alle Titel anzuzeigen, klicken Sie auf das kleine „x" rechts neben dem Suchfeld.

---

❺ Um einen Titel abzuspielen, klicken Sie doppelt auf den Eintrag in der Liste, oder drücken Sie die -Taste.
❻ Über die Schaltfläche in der oberen linken Ecke können Sie die Wiedergabe stoppen und wieder starten oder zum vorherigen beziehungsweise nächsten Titel springen. Mit dem Schieberegler rechts daneben verändern Sie die Lautstärke, indem Sie auf den Regler klicken und ihn mit gedrückt gehaltener Maustaste verschieben.

Mit dem Gratisprogramm iTunes ist der Zugriff auf die eigene Musiksammlung besonders einfach.

Manuelle und intelligente Wiedergabelisten anlegen

Bei jeder Feier stellt sich die Frage, welche Musik als Untermalung gespielt werden soll. Bei mehreren Hundert CDs oder Einzeltiteln ist es nicht immer einfach, jeden Musikgeschmack exakt zu treffen und für genügend musikalische Abwechslung zu sorgen. Mit iTunes haben Sie zwei Möglichkeiten, bereits im Vorfeld Musikstücke auszuwählen: Mit einer Wiedergabeliste sammeln Sie manuell alle Titel, die Sie später in einem Rutsch abspielen möchten. Besonders interessant sind „intelligente Wiedergabelisten", die von iTunes automatisch zusammengestellt werden.

So geht's:

Um manuell mehrere Titel zu einer Wiedergabeliste zusammenzufassen, gehen Sie folgendermaßen vor:

❶ Klicken Sie in der unteren linken Ecke des iTunes-Fensters auf die Schaltfläche mit dem Pluszeichen.

❷ Es erscheint eine neue Liste mit dem Namen *Neue Wiedergabeliste*. Überschreiben Sie den Namen mit einer treffenderen Bezeichnung wie „Oldies", und bestätigen Sie die Änderung mit der ⏎-Taste.

❸ Wechseln Sie zurück zur Musiksammlung, indem Sie in der Medienbibliothek auf *Musik* klicken.

❹ Um einen Titel in die Wiedergabeliste aufzunehmen, klicken Sie mit der rechten (!) Maustaste auf den Titel, wählen den Befehl *Zur Wiedergabeliste hinzufügen* sowie den Namen der Wiedergabeliste. Wiederholen Sie den Schritt für alle Titel, die in die Wiedergabeliste sollen.

❺ Sobald die Liste fertig ist, klicken Sie auf den Namen der Wiedergabeliste und starten die Wiedergabe. Für mehr

Abwechslung sorgt eine zufällige Wiedergabe, die Sie per Mausklick auf die Schaltfläche mit den verschlungenen Pfeilen einschalten.

Bei manuellen Wiedergabelisten wählen Sie die Musikstücke selbst aus. iTunes kennt mit den intelligenten Wiedergabelisten noch eine andere Variante. Hier teilen Sie iTunes lediglich Ihre Musikwünsche mit – etwa zwei Stunden Oldies –, den Rest erledigt das Programm für Sie, indem es automatisch eine Wiedergabeliste mit den passenden Musikstücken anlegt.

So geht's: Um eine automatische Wiedergabeliste anzulegen, gehen Sie folgendermaßen vor:

❶ Wählen Sie aus dem Menü *Datei* den Befehl *Neue intelligente Wiedergabeliste*.

❷ Im nächsten Fenster bestimmen Sie die Kriterien, nach denen iTunes die Musik selbstständig aussuchen soll. Um beispielsweise nur Oldies auszuwählen, klicken Sie auf das erste Listenfeld und wählen den Eintrag *Genre*; in das Textfeld rechts daneben tragen Sie „Oldies" ein. Über die Plusschaltfläche am rechten Rand können Sie übrigens eine weitere Zeile einblenden und zusätzliche Auswahlkriterien ergänzen.

❸ In den Feldern darunter bestimmen Sie, wie groß die Wiedergabeliste werden soll. Soll sie beispielsweise drei Stunden lang Oldies spielen, kreuzen Sie das Kästchen *Maximal* an und wählen in den Feldern rechts daneben die Einstellung *3 Stunden sortiert nach Zufall*.

❹ Schließen Sie das Fenster mit *OK*. iTunes sucht anschließend anhand Ihrer Angaben die passenden Songs aus der Medienbibliothek aus.

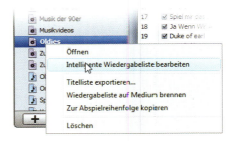

In der linken Fensterspalte erkennen Sie automatische Wiedergabelisten anhand eines kleinen Zahnradsymbols. Einige automatische Listen wie *Musik der 90er* wurden von iTunes bereits angelegt. Um eine Liste wieder zu ändern, klicken Sie mit der rechten (!) Maustaste auf die Wiedergabeliste und rufen den Befehl *Intelligente Wiedergabeliste bearbeiten* auf.

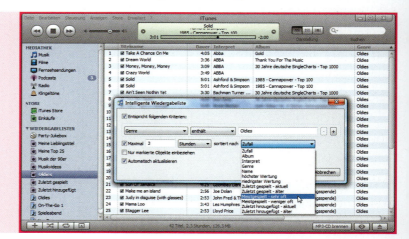

Mit intelligenten Wiedergabelisten legt iTunes Abspiellisten nach Ihren Vorgaben an.

Musik verwalten mit Winamp

Neben iTunes gehört Winamp zu den beliebtesten und besten kostenlosen Musikprogrammen. Auch mit Winamp können Sie bequem auf Ihre Musiksammlung zugreifen und Wiedergabelisten anlegen.

Winamp installieren

Bevor Sie mit Winamp Musik verwalten können, müssen Sie das kostenlose Programm auf Ihrem Computer installieren. Wichtig sind dabei die richtigen Einstellungen im Installationsassistenten.

So geht's: Mit folgenden Schritten installieren Sie Winamp auf Ihrem Computer:

❶ Starten Sie den Internet Explorer (oder einen anderen Internetbrowser) mit dem Befehl *Start* | *Alle Programme* | *Internet Explorer*, und rufen Sie die Internetseite de.winamp.com (ohne „www.") auf.

❷ Klicken Sie auf die Schaltfläche *Winamp herunterladen*.

❸ Klicken Sie auf *Ausführen*, um die Installationsdateien herunterzuladen. Sobald der Ladevorgang abgeschlossen ist, klicken Sie erneut auf *Ausführen*.

❹ Im ersten Fenster des Installationsassistenten wählen Sie die Sprache *Deutsch* und bestätigen mit *OK*.

❺ Folgen Sie den Anweisungen des Installationsassistenten. Ganz wichtig: Bei der Frage nach zusätzlichen Funktionen sollten Sie alle Kontrollkästchen deaktivieren! Damit verhindern Sie, dass unnötige Zusatzprogramme wie eine Fernsteuerung für Spielekonsolen installiert oder die Suchmaschine des Internet Explorers verändert wird.

❻ Klicken Sie auf *Installieren*, um das Gratisprogramm auf Ihrem Computer zu installieren.

❼ Starten Sie Winamp, indem Sie auf die Start-Schaltfläche klicken und den Befehl *Alle Programme* | *Winamp* | *Winamp* aufrufen. Beim ersten Start legen Sie das Aussehen des Programms fest. Sehr übersichtlich ist das Design *Bento Skin (Groß)*. Bestätigen Sie die Auswahl mit *Weiter*, und klicken Sie anschließend auf *Fertigstellen*.

Ganz wichtig: Entfernen Sie während der Installation die Häkchen der angebotenen Zusatzprogramme. Die Zusätze sind überflüssig.

Musik verwalten und abspielen

Nach der Installation teilen Sie Winamp zuerst mit, wo die digitalen Musikdateien gespeichert sind. Dabei spielt es keine Rolle, ob die Titel auf der eingebauten Festplatte des Computers oder einer externen USB-Festplatte liegen.

So geht's: Mit folgenden Schritten nehmen Sie die Musikdateien Ihres Computers in die Winamp-Medienbibliothek auf:

❶ Starten Sie Winamp mit dem Befehl *Start* | *Alle Programme* | *Winamp* | *Winamp*.

❷ Anschließend wählen Sie im Menü *Datei* den Befehl *Medien zur Medienbibliothek hinzufügen*.

❸ Markieren Sie im nächsten Fenster den Ordner, in dem sich die Musikdateien befinden, etwa *Musik* oder *Eigene Musik*. Bestä-

Musik aufnehmen, verwalten und abspielen   119

tigen Sie die Auswahl mit einem Klick auf *Hinzufügen*. Die gefundenen Titel werden daraufhin in die Medienbibliothek von Winamp aufgenommen.

Tipp: Schneller blättern. Um schneller durch die Listen zu blättern, können Sie mit einem Trick direkt zu einer bestimmten Stelle springen. Geben Sie zum Beispiel in der Liste der Interpreten über die Tastatur den Anfangsbuchstaben ein, etwa „E" für *Elton John*. Winamp springt sofort zum ersten Eintrag mit dem Anfangsbuchstaben *E*. Das funktioniert auch in den anderen Winamp-Listen.

❹ Alle Musikstücke werden von Winamp nach Interpret, Album und weiteren Kriterien sortiert. Das Auffinden bestimmter Stücke ist damit einfach. Wählen Sie in der Liste *Interpret* einen Interpreten und in der Liste rechts daneben eines der *Alben* des Interpreten aus. In der dritten Liste finden Sie alle Stücke aus diesem Album. Mit einem Doppelklick starten Sie die Wiedergabe des gewünschten Stückes. Über die Schaltfläche in der linken oberen Ecke starten und stoppen Sie die Wiedergabe, stellen die Lautstärke ein oder wechseln zum vorherigen beziehungsweise nächsten Titel.
Um wieder alle Titel einzublenden, klicken Sie in der Liste *Interpret* auf den obersten Eintrag *Alle (xxx Interpreten)*.

❺ Besonders interessant ist die Möglichkeit, eigene Wiedergabelisten (englisch *Playlists*) anzulegen. Hier sammeln Sie zum Beispiel die besten Oldies Ihrer Musiksammlung. Um eine neue Wiedergabeliste anzulegen, klicken Sie im unteren Fensterbereich auf die Schaltfläche *Playlist erstellen*. Geben Sie einen treffenden Namen ein, und klicken Sie auf *OK*.
❻ Die neue Wiedergabeliste erscheint in der linken Spalte unter *Playlists*.

❼ Um Titel in die Wiedergabeliste aufzunehmen, klicken Sie auf den Titel, halten die Maustaste gedrückt und ziehen ihn – mit weiterhin gedrückter Maustaste – auf den Namen der Wiedergabeliste. Lassen Sie erst dort die Maustaste wieder los. Wiederholen Sie diesen Schritt für alle Musikstücke, die in die Wiedergabeliste sollen.

❽ Sobald die Wiedergabeliste fertig ist, können Sie alle darin

gemerkten Titel abspielen, indem Sie links im Bereich *Playlists* auf den Namen der Wiedergabeliste klicken. Anschließend klicken Sie doppelt auf den ersten Titel der Liste.

Übrigens: Das Winamp-Programmfenster gibt es in verschiedenen Größen. Zu einer kompakteren Variante wechseln Sie per Klick auf die kleine Schaltfläche mit dem nach oben weisenden Pfeil in der rechten unteren Ecke. Mit dem nach unten weisenden Pfeil wird das Fenster wieder in Originalgröße angezeigt.

Noch kleiner macht sich das Winamp-Fenster, wenn Sie in der rechten oberen Ecke auf die kleine Schaltfläche links neben dem roten „x" klicken. Damit wird Winamp auf eine schmale Leiste verkleinert, die nur noch die wichtigsten Steuerelemente und Informationen über den abgespielten Song zeigt. Ein erneuter Klick auf die Mini-Schaltfläche vergrößert das Winamp-Fenster wieder.

Über die Listen Interpret und Alben finden Sie rasch jedes Musikstück.

CDs und DVDs brennen mit CDBurnerXP

Jeder moderne Computer ist mit einem CD/DVD-Brenner ausgestattet, mit dem Dateien wie Fotos, Musik oder Videos auf CD- und DVD-Rohlinge gebrannt werden. Alles, was Sie dazu benötigen, ist ein passendes Brennprogramm. Bei Windows XP und Vista gehört zwar eines zur Grundausstattung, sehr komfortabel ist das allerdings nicht. Mehr Funktionen und Komfort bietet das Gratisprogramm CDBurnerXP. Damit können Sie zum Beispiel Audio-CDs wahlweise mit oder ohne Lücken zwischen den Titeln brennen.

Info: CDBurnerXP auch für Vista. Auch wenn das Gratisprogramm CDBurnerXP das Kürzel „XP" im Namen trägt, können Sie das Programm nicht nur unter Windows XP, sondern auch mit Windows Vista nutzen.

CDBurnerXP installieren

Das Brennprogramm CDBurnerXP erhalten Sie gratis aus dem Internet. In wenigen Minuten ist es heruntergeladen und auf Ihrem Computer installiert.

So geht's: Gehen Sie folgendermaßen vor, um das kostenlose Brennprogramm CDBurnerXP auf Ihrem Computer einzurichten:

❶ Starten Sie den Internet Explorer (*Start* | *Alle Programme* | *Internet Explorer*), und rufen Sie die Internetseite www.cdburnerxp.se/de auf.

❷ Klicken Sie auf *Jetzt herunterladen*.

❸ Anschließend klicken Sie auf die Schaltfläche *Ausführen*, um die Installationsdateien herunterzuladen. Sobald der Ladevorgang abgeschlossen ist, klicken Sie erneut auf *Ausführen*.

❹ Das Installationsprogramm wird zunächst in englischer Sprache ausgeführt – das Programm selbst wird aber mit deutscher Sprachführung installiert. Klicken Sie zunächst auf die Schaltfläche *Next* (deutsch: *Weiter*). Wählen Sie die Option *I accept the agreement*, um die Lizenzbedingungen zu akzeptieren, und klicken Sie auf *Next*.

❺ Bestätigen Sie auch die nächsten vier Schritte des Assistenten mit *Next*, und klicken Sie abschließend auf *Install* und *Finish*.

❻ Anschließend sollten Sie die Sprache auf Deutsch umstellen. Hierzu starten Sie das Programm über den Befehl *Start* | *Alle Programme* | *CDBurnerXP* | *CDBurnerXP*, wählen im Dialogfenster den Eintrag *Deutsch (Deutschland)* und bestätigen mit *OK*.

CDs und DVDs für Daten und MP3-Musik brennen

Beim Brennen von CDs und DVDs gibt es generell zwei Möglichkeiten: Sie können entweder eine Daten-CD/DVD oder eine Musik-CD brennen. Eine Musik-CD ist eine klassische Audio-CD, die Sie in jedem CD-Spieler, etwa im Auto oder im Wohnzimmer abspielen können. Wie Sie Musik-CDs brennen, erfahren Sie im Abschnitt *Audio-CDs brennen* (→ Seite 125). Am häufigsten werden auf die Rohlinge Daten gebrannt. Dazu gehören alle Dateien, die auch auf dem Computer gespeichert werden können, etwa Textdokumente, Tabellen, Fotos oder Musikdateien. Dabei entstehen 1:1-Kopien der Computerdaten auf dem CD- und DVD-Rohling. Wenn Sie Ihre digitale Musik als MP3-Dateien auf den Rohling brennen, können Sie die CD beziehungsweise DVD in jedem MP3-fähigen CD/DVD-Spieler abspielen.

So geht's: Um digitale Musik als Daten- beziehungsweise MP3-CD auf einen CD/DVD-Rohling zu brennen, gehen Sie folgendermaßen vor:

❶ Legen Sie einen Rohling in den CD/DVD-Brenner, und starten Sie das Brennprogramm CDBurnerXP mit dem Befehl *Start | Alle Programme | CDBurnerXP | CDBurnerXP*.

❷ Es erscheint das Fenster *Aktions-Auswahl*. Wählen Sie hier den Eintrag *Daten-Zusammenstellung*, und klicken Sie auf *OK*.

❸ Im nächsten Fenster suchen Sie die Musikdateien aus, die auf die MP3-CD gebrannt werden sollen. Das Fenster ist hierzu in zwei Bereiche geteilt: Im oberen Bereich sehen Sie die Ordnerstruktur Ihres Computers, darunter den Inhalt der

zukünftigen CD beziehungsweise DVD.
Um die Musikdateien auszuwählen, wechseln Sie in der Ordnerliste in den Ordner, in dem sich die Musikdateien befinden, zum Beispiel in den Ordner *Musik* beziehungsweise *Eigene Musik*.

Info: Nur MP3-Dateien auf MP3-CDs/DVDs. Wenn Sie eine MP3-Musik-CD/DVD brennen möchten, sollten Sie nur Musikdateien im Dateiformat MP3 in die Brennliste aufnehmen. Andere Musikformate wie WMA, AAC oder OggVorbis werden von vielen MP3-fähigen CD/DVD-Spielern nicht unterstützt. In welchem Format die Musikdateien vorliegen, erfahren Sie in der Spalte *Typ*. MP3-Dateien sind hier mit *MPEG-Layer-3-Audio* gekennzeichnet.

❹ Anschließend wählen Sie per Mausklick den Musiktitel aus, der auf die CD/DVD soll, und klicken auf die Schaltfläche *Hinzufügen*. Sie können mehrere Titel gleichzeitig markieren, indem Sie die [Strg]-Taste gedrückt halten und – mit weiterhin gedrückter [Strg]-Taste – auf die einzelnen Musikdateien klicken. Mit *Hinzufügen* nehmen Sie alle markierten Musikstücke in die Brennliste auf. Am unteren Fensterrand erkennen Sie, wie viel Platz die bislang ausgesuchten Musikstücke verbrauchen (grüner Balken) und wie viel Platz noch übrig ist (schwarzer Balken bis zum roten Streifen).
❺ Sobald Sie alle gewünschten Titel zur Brennliste hinzugefügt haben, klicken Sie auf die Schaltfläche *Brennen*.
❻ Im nächsten Fenster werden Sie gefragt, ob Sie den Rohling finalisieren möchten. Damit ist gemeint, ob Sie später weitere Dateien auf den Rohling brennen möchten oder nicht. Da die meisten CD/DVD-Spieler nur finalisierte (abgeschlossene) Rohlinge abspielen, sollten Sie hier auf *Disc finalisieren* kli-

cken. Die Dateien werden anschließend auf den eingelegten Rohling gebrannt. Den Fortschritt des Brennvorgangs können Sie im Statusfenster verfolgen. Die MP3-CD beziehungsweise -DVD ist fertig und lässt sich in jedem MP3-fähigen CD/DVD-Spieler wiedergeben.

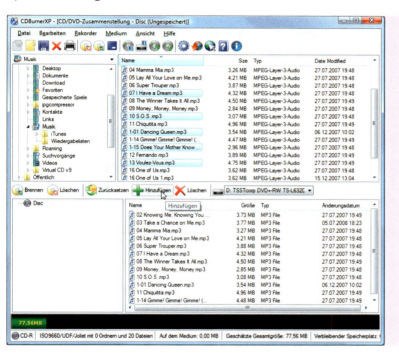

Im Brennprogramm wählen Sie über die Schaltfläche **Hinzufügen** *die Musikdateien aus, die auf den CD/DVD-Rohling gebrannt werden sollen.*

Audio-CDs brennen

Statt als Daten-CD können Sie Ihre Musik mit dem Brennprogramm CDBurnerXP auch als klassische Audio-CD brennen. Wichtigster Unterschied zur Daten-CD: Auf einer Audio-CD ist weniger Platz für Musik. Das liegt an dem speziellen Aufnahmeverfahren früherer Audio-CDs. Hier werden die Musikstücke nicht in komprimierter (verkleinerter) Form gespeichert und verbrauchen dadurch mehr Speicherplatz. Während auf eine Daten-CD etwa 250 Titel im Datenformat MP3 passen, sind es bei einer Audio-CD nur rund 20 Titel. Dafür können Sie eine Audio-CD in jedem beliebigen CD-Spieler wiedergeben und brauchen keinen speziellen CD/DVD-Spieler mit MP3-Fähigkeit.

So geht's: Mit folgenden Schritten erzeugen Sie aus Ihrer digitalen Musik eine klassische Audio-CD:
❶ Legen Sie einen CD-Rohling in den CD/DVD-Brenner, und starten Sie das Brennprogramm CDBurnerXP mit dem Befehl *Start* | *Alle Programme* | *CDBurnerXP* | *CDBurnerXP*.
❷ Wählen Sie im Aktionsfenster den Eintrag *Audio-CD*, und klicken Sie auf *OK*.

❸ Die Auswahl der Musikstücke erfolgt auf die gleiche Weise wie bei der Daten-CD (Schritte 3 und 4 im Abschnitt *CDs und DVDs für Daten und MP3-Musik brennen*, Seite 123/124). Im Gegensatz zur MP3-CD passen auf die Audio-CD allerdings nur knapp 20 Musiktitel mit einer Gesamtspieldauer von rund 80 Minuten.

Wie viel Platz noch auf dem Rohling bleibt, zeigt die grün-schwarze Leiste am unteren Rand. Hier erkennen Sie die Gesamtspieldauer der Audio-CD. Haben Sie zu viele Titel ausgewählt, erscheinen die Titel am rechten Rand mit einer roten Markierung. Dann sollten Sie über die Schaltfläche *Löschen* einen oder mehrere Titel aus der Brennliste entfernen.
❹ Klicken Sie auf *Brennen*, um den Brennvorgang zu starten. Im nächsten Fenster entscheiden Sie, ob zwischen den Musikstücken eine Pause eingefügt werden soll oder nicht.

CDBurnerXP brennt anschließend die Musik auf die Audio-CD und zeigt im Statusfenster den Fortschritt des Brennvorgangs.

Weitere Gratisalternativen

Mit iTunes, Winamp und CDBurnerXP ist Ihr Computer mit den besten Gratisprogrammen zur Musikverwaltung und zum Brennen von CDs und DVDs ausgestattet. Zu den interessantesten kostenlosen Alternativen gehören folgende Programme:

MediaMonkey

www.mediamonkey.com/language/de/

Das Musikprogramm MediaMonkey bietet alle wichtigen Funktionen zum Verwalten, Abspielen und Brennen von Musikdateien. Es sieht gut aus und ist auch bei riesigen Musiksammlungen mit über 50 000 Titeln noch schnell. Besitzer eines MP3-Players oder iPods können Musik direkt auf das tragbare Musikabspielgerät übertragen.

Burn4Free

www.burn4free.com

Mit Burn4Free haben Sie beim Brennen die Wahl zwischen zwei Programmoberflächen. Im transparenten Minifenster können Sie Dateien direkt aus dem Windows Explorer in das Brennfenster ziehen und auf Knopfdruck den Brennvorgang starten. Im großen Programmfenster greifen Sie auf alle Funktionen des Brennprogramms zu – allerdings wirkt diese Ansicht auf den ersten Blick sehr unübersichtlich.

E-Mails schreiben und verwalten

Zu einem Internet-PC gehört auch ein E-Mail-Programm, das Microsoft den Betriebssystemen Windows XP als Outlook Express und Windows Vista als Windows Mail beigibt. Der kostenpflichtige Marktführer Microsoft Outlook ermöglicht neben der Verwaltung von Terminen, Aufgaben, Notizen, Adress- und Telekommunikationsdaten das Führen eines Journals und zu guter Letzt auch den Versand und Empfang von E-Mails. Es gibt jedoch auch interessante Alternativen, die mindestens genauso einfach und komfortabel funktionieren wie das Original – inklusive Terminplaner und Schutz gegen unerwünschte E-Mail-Werbung (Spam).

Die Messlatte: Microsoft Outlook

Wer ein Programm zum Verschicken und Verwalten von E-Mails sucht, denkt zuerst an Microsoft Outlook, den Platzhirschen auf dem Markt für E-Mail-Programme. Microsoft Outlook ist Bestandteil des Programmpakets Microsoft Office, aber auch einzeln erhältlich. Mit Kosten von 120 bis 250 Euro als Einzelversion und 150 bis 600 Euro im Microsoft-Office-Paket gehört Outlook aber auch zu den teuersten E-Mail-Programmen. In diesem Kapitel erfahren Sie, wie Sie mit kostenlosen Mail-Programmen elektronische Nachrichten verschicken. Die Gratisalternativen müssen sich dabei keineswegs hinter dem großen Vorbild verstecken. Ganz im Gegenteil: In vielen Bereichen sind die kostenlosen Mail-Programme dem Marktführer sogar überlegen.

Microsoft Outlook ist das beliebteste Mail-Programm, mit Preisen ab 120 Euro aber auch eines der teuersten.

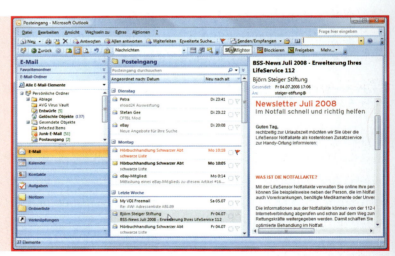

Die E-Mail-Programme von Windows XP und Vista

Eigentlich ist zum Versenden und Empfangen von E-Mails kein zusätzliches Programm notwendig, denn das Betriebssystem Windows ist bereits von Hause aus mit einer E-Mail-

E-Mails schreiben und verwalten

Anwendung ausgestattet. Bei Windows XP gibt es Outlook Express (*Start | Alle Programme | Outlook Express*), bei Windows Vista gibt es Windows Mail (*Start | Alle Programme | Windows Mail*).

Im Grunde reichen beide Programme für Anwender, die nur gelegentlich Mails verschicken, vollkommen aus. Doch es gibt auch Schattenseiten. So verfügt zum Beispiel Outlook Express über keinen Spamfilter zum Schutz vor lästiger E-Mail-Werbung. Bei der Vista-Variante Windows Mail gehört der Spamfilter zwar zur Standardausstattung, das Programm lässt aber wichtige Funktionen zum Sortieren und Verwalten von E-Mails vermissen. Auch eine integrierte Terminplanung fehlt. Daher unsere Empfehlung: Wer regelmäßig E-Mails verschickt, sollte auf professionelle E-Mail-Programme wie Thunderbird (deutsch: *Donnervogel*) oder Pegasus Mail setzen. Die gibt es kostenlos im Internet und bieten den gleichen Funktionsumfang wie das große Vorbild Microsoft Outlook.

In Windows XP und Vista sind bereits die Mail-Programme Outlook Express (oben) beziehungsweise Windows Mail (unten) enthalten. Wichtige Funktionen wie Spamfilter oder Sortierfunktionen fehlen jedoch.

E-Mails schreiben mit Thunderbird

Zu den besten und beliebtesten kostenlosen E-Mail-Programmen gehört Mozilla Thunderbird. Das Gratisprogramm lässt sich auch von Einsteigern leicht bedienen, bietet alle wichtigen E-Mail-Funktionen und lässt sich nachträglich um weitere Fähigkeiten erweitern, etwa um einen Kalender zur Terminverwaltung. Falls Sie zuvor bereits Outlook, Outlook Express oder Windows Mail genutzt haben, übernimmt Thunderbird sogar automatisch die Einstellungen und E-Mails des bisherigen Mail-Programms.

Thunderbird installieren

Das E-Mail-Programm Thunderbird erhalten Sie kostenlos im Internet. Die Installation und die Einrichtung des Gratisprogramms sind schnell erledigt.

So geht's: Gehen Sie folgendermaßen vor, um Thunderbird auf Ihrem Computer zu installieren und einzurichten:

❶ Starten Sie den Internet Explorer (*Start | Alle Programme | Internet Explorer*) oder einen anderen Internetbrowser, und rufen Sie die Internetseite www.mozilla-europe.org/de/products/thunderbird auf.

❷ Klicken Sie auf die Schaltfläche *Kostenloser Download*.

❸ Klicken Sie auf die Schaltfläche *Ausführen*, um die Installationsdateien herunterzuladen. Sobald der Ladevorgang abgeschlossen ist, klicken Sie erneut auf *Ausführen*.

❹ Folgen Sie den Anweisungen des Installationsassistenten, um die Installation abzuschließen.

❺ Nach der Installation starten Sie das Programm mit dem Befehl *Start | Alle Programme | Mozilla Thunderbird | Mozilla Thunderbird*.

❻ Beim ersten Start können Sie – sofern vorhanden – alle

E-Mails schreiben und verwalten

Einstellungen, Konten, Adressbücher und sonstigen Daten Ihres bisherigen Mail-Programms übernehmen. Alle Mails werden dann automatisch übernommen und erscheinen an gewohnter Stelle im neuen Programm. Auch die Einstellungen für Ihren E-Mail-Anbieter werden beibehalten; Sie können direkt weiterarbeiten.

E-Mail-Konten einrichten

Um mit Thunderbird Nachrichten empfangen und verschicken zu können, müssen Sie zuerst ein E-Mail-Konto einrichten. Nachdem Sie die Zugangsdaten zu Ihrem E-Mail-Postfach eingetragen haben, kann es mit dem E-Mail-Versand auch schon losgehen.

So geht's: Das Einrichten eines neuen E-Mail-Kontos ist mit dem Kontenassistenten von Thunderbird ganz einfach. Gehen Sie wie folgt vor:

❶ Solange noch kein E-Mail-Konto eingerichtet ist, erscheint beim Start von Thunderbird automatisch der Kontenassistent. Falls nicht, rufen Sie in Thunderbird den Befehl *Extras | Konten* auf und klicken auf die Schaltfläche *Konto hinzufügen*.
❷ Im ersten Fenster des Assistenten markieren Sie den Eintrag *E-Mail-Konto* und klicken auf *Weiter*.
❸ Anschließend geben Sie Ihren Vor- und Zunamen sowie die E-Mail-Adresse ein, die Sie von Ihrem Internetanbieter erhalten haben. Bestätigen Sie die Eingabe mit *Weiter*.
❹ Im nächsten Fenster müssen Sie die Internetadressen des Posteingangs- und Postausgangsservers eintragen. Die genauen Adressen erhalten Sie von Ihrem E-Mail-Anbieter. Für T-Online lauten die Angaben zum Beispiel
Posteingangsserver: *popmail.t-online.de*
Postausgangsserver: *smtpmail.t-online.de*

Info: Die Einstellungen aller E-Mail-Anbieter. Eine Liste der Einstellungen für Posteingangsserver, Postausgangsserver und Benutzername aller wichtigen E-Mail-Anbieter finden Sie auf der Internetseite www.patshaping.de/hilfen_ta/pop3_smtp.htm.

❺ Geben Sie anschließend die Zugangsdaten zur Ihrem E-Mail-Postfach ein. Die exakten Daten erhalten Sie ebenfalls von Ihrem E-Mail-Anbieter. Bei T-Online verwenden Sie als Benutzernamen Ihre E-Mail-Adresse.

❻ Geben Sie im nächsten Fenster einen Namen für das E-Mail-Konto ein, und bestätigen Sie mit *Weiter*.

❼ Im letzten Schritt blendet Thunderbird noch einmal eine Konfigurationsübersicht ein. Schließen Sie die Einrichtung mit einem Klick auf *Fertig stellen* und *OK* ab.

Neue E-Mails schreiben

Sobald mindestens ein E-Mail-Konto bei Thunderbird eingerichtet ist, können Sie auch gleich loslegen und E-Mails in alle Welt verschicken.

So geht's: Mit folgenden Schritten schreiben und verschicken Sie eine neue E-Mail mit Thunderbird:

❶ Starten Sie Thunderbird, und klicken Sie in der Symbolleiste auf die Schaltfläche *Verfassen*.

❷ Im E-Mail-Fenster finden Sie im oberen Bereich die Eingabefelder für die Empfängeradresse. Geben Sie hier in das Feld *An* die E-Mail-Adresse des Empfängers ein, etwa „redaktion-mueller@mirko.de". Das @-Zeichen (gesprochen: *Ät-Zeichen*) finden Sie übrigens auf der Taste [Q@], Sie geben es mit der Tastenkombination [AltGr]+[Q@] ein. Sollte der Empfänger bereits im Adressbuch von Thunderbird eingetragen sein, können Sie auch den Vor- und Nachnamen des Empfängers eingeben, zum Beispiel „Mirko Müller". Das komplette Adressbuch erreichen Sie mit dem Befehl *Extras | Adressbuch* oder noch einfacher über einen Klick auf das Adressbuchsymbol in der Symbolleiste.

In die Felder darunter können Sie weitere Empfänger eingeben. Wenn Sie auf das kleine Briefumschlagsymbol klicken, können Sie die speziellen Empfängerfelder *CC* und *BCC* einfügen. Das sind Empfänger, die eine Kopie (CC, Carbon Copy) beziehungsweise eine Blindkopie (BCC, Blind Carbon Copy) der Mail erhalten sollen. Das Besondere an der Blindkopie: Keiner der Empfänger erfährt, wer im Feld *BCC* eingetragen ist; es ist praktisch ein geheimes Empfängerfeld. Damit können Sie verhindern, dass der ursprüngliche Empfänger mitbekommt, an wen Sie die E-Mail noch geschickt haben.

❸ Klicken Sie auf die Zeile *Betreff*, und geben Sie einen Titel für die E-Mail ein. Ganz wichtig: Verwenden Sie dabei einen aussagekräftigen Titel, damit Ihre Nachricht beim Empfänger in der Flut der E-Mails nicht unbeachtet untergeht. Zudem kann der Empfänger dann auf Anhieb erkennen, um was sich die Mail dreht. Verwenden Sie statt *Hallo* oder *Ich bin's* lieber treffendere Titel wie *Einladung zur Silberhochzeit* oder *Verkaufe meinen alten Computer*.

❹ Im unteren Teil des Nachrichtenfensters geben Sie anschließend den eigentlichen Text der E-Mail ein.

❺ Um die Nachricht schließlich auf die Reise zu schicken, klicken Sie auf die Schaltfläche *Senden*. Noch schneller geht es mit der Tastenkombination [Strg]+[↵]. Sofern eine Verbindung zum Internet besteht, schickt Thunderbird die Nachricht sofort an den Empfänger. Mitunter müssen Sie zuvor das Zugangskennwort zum Postausgangsserver Ihres E-Mail-

Anbieters eingeben; in der Regel handelt es sich um dasselbe Kennwort wie zum Abrufen der Nachrichten.

Eine neu geschriebene Mail landet meist innerhalb weniger Minuten beim Empfänger.

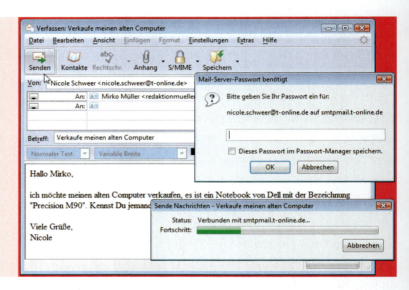

Die Rechtschreibprüfung nachinstallieren

Damit E-Mails möglichst fehlerfrei auf die Reise gehen, greift Ihnen Thunderbird mit einer integrierten Rechtschreibprüfung unter die Arme. Standardmäßig ist Thunderbird aber nur mit einem englischen Wörterbuch ausgestattet. Damit Mails auch in deutscher Sprache ohne orthografische Fehler auf die Reise gehen, müssen Sie zunächst das deutsche Wörterbuch installieren. Auch andere Wörterbücher, etwa für Englisch, Französisch oder Spanisch, sind erhältlich.

So geht's: Um neue Wörterbücher für die Rechtschreibprüfung zu installieren, sind folgende Schritte notwendig:

❶ Starten Sie den Internet Explorer (*Start* | *Alle Programme* | *Internet Explorer*) oder einen anderen Internetbrowser, und rufen Sie die Internetseite addons.mozilla.org/de/firefox/browse/type:3 (ohne „www.") auf.

❷ Klicken Sie in der Zeile *German (Germany)* auf *Wörterbuch installieren* und anschließend auf *Herunterladen*.
❸ Klicken Sie auf *Speichern*, und speichern Sie die Wörterbuchdatei in einem beliebigen Order der Festplatte, etwa auf dem *Desktop*.
❹ Anschließend starten Sie Thunderbird, rufen den Befehl *Extras | Add-Ons* auf und klicken auf *Installieren*.
❺ Wählen Sie die heruntergeladene Wörterbuchdatei aus, und klicken Sie auf *Öffnen*.
❻ Im nächsten Fenster klicken Sie auf *Jetzt installieren* und starten Thunderbird neu.

Nach einem Neustart ist die deutsche Rechtschreibung einsatzbereit. Falsch geschriebene Begriffe werden rot unterstrichen. Per Rechtsklick auf das rot unterschlängelte Wort wählen Sie aus der Vorschlagsliste die korrekte Schreibweise aus.

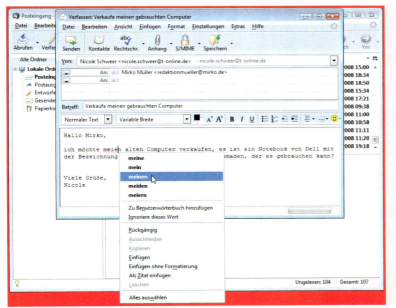

Sobald das deutsche Wörterbuch installiert ist, markiert Thunderbird falsch geschriebene Wörter mit einer roten Schlängellinie.

E-Mails abrufen und beantworten

Die Kommunikation via E-Mail ist mittlerweile bereits zur Selbstverständlichkeit geworden. Und ebenso selbstverständlich, wie Sie jeden Tag den „echten" Briefkasten leeren, sollten Sie auch ihren elektronischen Posteingang regelmäßig auf neue Nachrichten überprüfen (lassen). Das geht mit Thunderbird ganz einfach.

So geht's: Mit folgenden Schritten prüfen Sie, ob neue E-Mail-Nachrichten in Ihrem Postfach eingetroffen sind:

❶ Um alle neuen Nachrichten abzurufen, klicken Sie in Thunderbird auf die Schaltfläche *Abrufen*. Es erscheint ein Dialogfenster, in dem Sie das Zugangskennwort zu Ihrem E-Mail-Postfach eingeben. Wenn Sie hier das Kontrollkästchen *Dieses Passwort im Passwort-Manager speichern* anklicken, merkt sich Thunderbird das Kennwort; bei den nächsten Abrufen müssen Sie es nicht erneut eingeben.

❷ Thunderbird kontaktiert daraufhin den E-Mail-Anbieter und überträgt alle neu eingetroffenen E-Mails in den Posteingang des Mail-Programms auf Ihrem Rechner.

❸ Im Posteingang sind alle neuen und noch nicht gelesenen Mails in Fettschrift dargestellt und zusätzlich mit einem gelben Sternchen versehen. Um eine Nachricht zu lesen, klicken Sie auf den Betreff der Mail. Thunderbird blendet daraufhin den Nachrichtentext im unteren Vorschaubereich ein.

❹ Von hier aus können Sie die Mail auch gleich beantworten. Klicken Sie hierzu auf die Schaltfläche *Antworten*.

❺ Im Nachrichtenfenster sind in der Kopfzeile die Absender- beziehungsweise Empfängeradresse bereits eingetragen. Auch der Betreff ist bereits ausgefüllt und wurde um das Kürzel *Re* (Abkürzung für *Reply*, englisch für *Antworten*) ergänzt.

❻ Geben Sie im unteren Bereich den Antworttext ein. Sehr

praktisch: Es taucht noch einmal der Originaltext der ursprünglichen Mail auf, den Sie auch nicht löschen sollten, damit der Empfänger weiß, worauf sich Ihre Antwort bezieht.
❼ Ist die Antwort fertig, klicken Sie auf *Senden* oder drücken die Tastenkombination [Strg]+[↵], um die Nachricht sofort zu verschicken.

Lästige Werbung (Spam) aussortieren

Lästige Werbung per E-Mail – im Fachjargon Spam (gesprochen: *Spämm*) – ist mittlerweile so selbstverständlich wie unerwünschte Postwurfsendungen im Briefkasten. Wie das Pendant aus Papier verstopft auch E-Mail-Werbung den digitalen Briefkasten.
Die gute Nachricht: Mit dem Spamfilter von Thunderbird bekommen Sie das Problem gut in den Griff.

So geht's: Um unerwünschte Werbung – in Thunderbird Junk (Müll) genannt – automatisch aus dem Postfach zu filtern, gehen Sie folgendermaßen vor:
❶ Starten Sie Thunderbird, und rufen Sie den Befehl *Extras | Einstellungen* auf.
❷ Wechseln Sie in den Bereich *Datenschutz*, und kreuzen Sie das Kontrollkästchen *Wenn Nachrichten manuell als Junk markiert werden* an. Markieren Sie die Einstellung *Verschiebe diese in den für Junk bestimmten Ordner des Kontos*, und schließen Sie das Fenster mit *OK*.
❸ Anschließend rufen Sie den Befehl *Extras | Konten* auf und klicken auf *Junk-Filter*. Kreuzen Sie die Kontrollkästchen *Junk-Filter für dieses Konto aktivieren*, *Absendern dieses Adressbuchs vertrauen* sowie *Neue Junk-Nachrichten verschieben in | Ordner „Junk" in Lokale Ordner* an. Wiederholen Sie diese Einstellungen für den *Junk-Filter* unterhalb von *Lokaler Ordner*.

❹ Schließen Sie das Fenster mit *OK*. Der Werbefilter ist damit aktiviert.

Sobald Sie neue E-Mails abrufen, landen die Spamnachrichten zunächst noch im Posteingang. Um lästige Werbung automatisch herauszufiltern, wählen Sie im Menü *Extras* den Befehl *Junk-Filter auf Ordner anwenden*. Thunderbird verschiebt daraufhin alle als Werbung erkannten E-Mails in den Unterordner *Junk*.

Sollte der Spamfilter eine Werbemail übersehen, können Sie

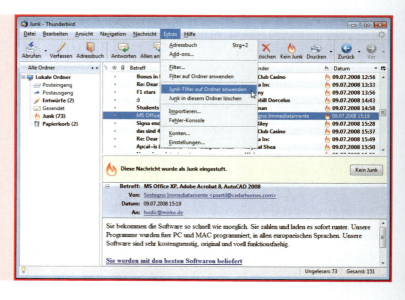

Der Spamfilter von Thunderbird sortiert sehr zuverlässig lästige E-Mail-Werbung aus und verschiebt sie in den Ordner Junk.

sie manuell als Werbung kennzeichnen. Markieren Sie die entsprechende Mail, und klicken Sie auf die Schaltfläche *Junk*. Die so markierte Werbemail landet ebenfalls im Ordner *Junk*; zusätzlich wird der Spamfilter trainiert, sodass zukünftig ähnliche Werbungen ebenfalls als Spam erkannt werden. In seltenen Fällen geht der Spamfilter zu weit, erkennt erlaubte Mails versehentlich als Werbung und verschiebt sie in den Ordner *Junk*. Daher empfiehlt es sich, regelmäßig einen Blick in den Ordner *Junk* zu werfen. Sollten Sie hier eine versehentlich verschobene Mail entdecken, markieren Sie den Betreff und klicken auf *Kein Junk*. Auch hier merkt sich Thunderbird die Merkmale, um solche Mails in Zukunft nicht mehr fälschlicherweise als Werbung einzustufen.

Termine verwalten mit Thunderbird

Microsofts kommerzielles Mail-Programm Outlook ist auch deshalb so beliebt, weil es über einen integrierten Kalender verfügt und sich damit direkt im E-Mail-Programm Termine und Aufgaben verwalten lassen. Das funktioniert auch mit dem Gratisprogramm Thunderbird. Sie benötigen hierzu lediglich die kostenlose Erweiterung Lightning.

So geht's: Um Thunderbird um einen Kalender und Aufgabenblock zu erweitern, gehen Sie folgendermaßen vor:
❶ Starten Sie den Internet Explorer (*Start | Alle Programme | Internet Explorer*) oder einen anderen Internetbrowser, und rufen Sie die Internetseite addons.mozilla.org/de/thunderbird/addon/2313 (ohne „www.") auf.
❷ Klicken Sie auf *Herunterladen (Windows)* und anschließend auf *Speichern*.
❸ Speichern Sie die „Lightning"-Datei in einem beliebigen Order der Festplatte, etwa auf dem *Desktop*.

❹ Anschließend starten Sie Thunderbird, rufen den Befehl *Extras | Add-Ons* auf und klicken auf *Installieren*.
❺ Wählen Sie die heruntergeladene Datei aus, und klicken Sie auf *Öffnen*.
❻ Im nächsten Fenster klicken Sie auf *Jetzt installieren* und auf *Thunderbird neustarten*.

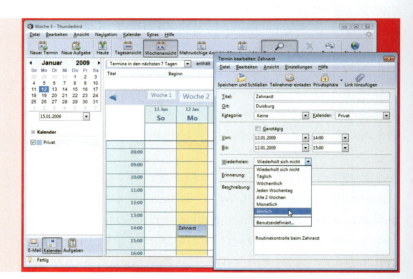

Sobald die kostenlose Erweiterung Lightning installiert ist, können Sie mit Thunderbird auch Termine und Aufgaben verwalten.

Beim nächsten Start finden Sie am rechten Fensterrand die neue Spalte *Termine und Aufgaben*. Hier tauchen alle anstehenden Termine der nächsten Tage auf. Zudem erscheinen in der linken unteren Ecke die neuen Schaltflächen *Kalender* und *Aufgaben*, über die Sie in die Kalender- und Aufgabenansicht wechseln. Über die Schaltfläche *Neuer Termin* beziehungsweise *Neue Aufgabe* können Sie Kalender und Aufgabenblock mit neuen Inhalten füttern.

Weitere Gratisalternativen

Thunderbird ist fraglos der stärkste Konkurrent des Platzhirschen Outlook. Daneben gehören folgende Mail-Programme zu den interessanten Gratisalternativen:

Opera Mail

www.opera.com

Opera ist ein kostenloser Internetbrowser und damit die Alternative zum Internet Explorer von Windows. Doch Opera kann mehr: Im Browser ist bereits ein E-Mail-Programm integriert. Die Kombination aus Browser und E-Mail-Software hört sich zunächst nach einem Kompromiss an, doch in der Praxis zeigt sich, dass Opera Mail durchaus als vollwertige Mail-Zentrale taugt.

Pegasus Mail

www.pmail.com

Die vom Neuseeländer David Harris entwickelte Anwendung gibt es bereits seit 1989. Auch wenn Pegasus Mail optisch einen antiquierten Eindruck hinterlässt, ist der Mail-Pionier technisch auf der Höhe der Zeit. Mit Spamfiltern und SSL-verschlüsselter Datenübertragung bietet Pegasus Mail alle wichtigen Funktionen eines modernen E-Mail-Programms. Das Gratisprogramm legt besonderen Wert auf Sicherheit. Pegasus-Nutzer brauchen sich um manipulierte E-Mails mit schadhaftem E-Mail-Code keine Sorgen zu machen. Im Gegensatz zu anderen Mail-Programmen verwendet Pegasus Mail nicht den Internet Explorer, sondern eigene Funktionen zur Darstellung der E-Mails.

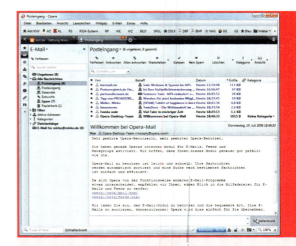

Opera Mail ist ein vollwertiges E-Mail-Programm, das sich nahtlos im Internetbrowser Opera integriert.

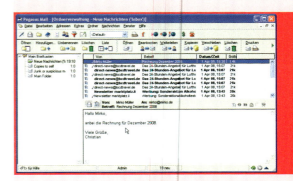

Pegasus Mail ist technisch auf der Höhe der Zeit, hinterlässt optisch aber einen angestaubten Eindruck.

Den Rechner organisieren und aufräumen

Mit der Zeit wird es auf der Festplatte des Computers ganz schön voll. Fast täglich kommen neue E-Mails, Textdokumente, Musikstücke und andere Dateien hinzu. Mehrere Tausend Dateien auf der Festplatte sind keine Seltenheit. Um angesichts dieser Dateiflut nicht die Übersicht zu verlieren, gibt es praktische Hilfsprogramme, die beim Suchen und Verwalten helfen. Natürlich darf dabei auch die Sicherheit nicht zu kurz kommen. Mit den richtigen Gratisprogrammen legen Sie im Handumdrehen Sicherheitskopien an und stellen sogar versehentlich gelöschte Daten wieder her.

Dateien finden mit Copernic Desktop Search

„Wo habe ich noch mal den Brief an den Rechtsanwalt gespeichert?" Diese und ähnliche Fragen treten häufig dann auf, wenn es schnell gehen soll. In der Eile aus Hunderten Dokumenten schnellstmöglich die richtige Datei zu finden, ist gar nicht so einfach. Zwar verfügen Windows XP und Windows Vista über ein Suchprogramm für Dateien – die Windows-Suche ist aber sehr langsam und findet nur selten die richtigen Dokumente. Besser sind Desktopsuchmaschinen, die – ähnlich einer Suchmaschine im Internet – einen riesigen Katalog aller Daten des Rechners anlegen. Die PC-Suchmaschine muss dann nicht jedes Mal aufs Neue die gesamte Festplatte durchforsten, sondern nur noch im Katalog nachschlagen. Das dauert Sekundenbruchteile und führt meist sofort zum Erfolg.

Copernic Desktop Search installieren

Zu den besten und schnellsten Desktopsuchmaschinen zählt Copernic Desktop Search (frei übersetzt: Copernic Computer-Suche). Copernic erlaubt die Suche nach Text-, Bild-, Musik- und Videodateien. Sogar E-Mails und Kontaktadressen von Outlook Express und Outlook sowie die Favoriten und der Verlauf des Internet Explorers werden mit durchforstet. Sehr nützlich ist die Vorschaufunktion, die sofort einen ersten Blick in die gefundenen Dateien und E-Mails gewährt. Diese praktische Dateisuchmaschine sollte auf keinem Rechner fehlen.

So geht's: Um die schnelle Dateisuchmaschine Copernic Desktop Search auf Ihrem Rechner zu installieren, sind folgende Schritte notwendig:

❶ Starten Sie den Internet Explorer (*Start* | *Alle Programme* |

Internet Explorer) oder einen anderen Internetbrowser, und rufen Sie die Internetseite www.copernic.com auf.
❷ Klicken Sie auf die Schaltfläche *Free Download* und erneut auf *Free Download*.
❸ Anschließend klicken Sie auf *Copernic Desktop Search – German*.
❹ Klicken Sie auf die Schaltfläche *Ausführen*, um die Installationsdateien herunterzuladen. Sobald die Datei heruntergeladen wurde, klicken Sie erneut auf *Ausführen*.
❺ Folgen Sie den Anweisungen des Installationsassistenten, um die Installation abzuschließen.

Nach der Installation legt Copernic Desktop Search auch gleich los und beginnt mit der Indexierung der Dateien und Inhalte des Rechners. Der Index wird automatisch generiert, und zwar immer dann, wenn Sie nicht mit dem Rechner arbeiten. Dabei werden beispielsweise alle eigenen Dateien und E-Mails von Outlook eingelesen und in den Suchkatalog aufgenommen. Je nach Datenaufkommen dauert das allerdings einige Stunden.

Erst wenn der Index komplett aufgebaut ist, ist Copernic Desktop Search einsatzbereit. Was zurzeit indiziert wird und wie weit das Programm bereits fortgeschritten ist, können Sie über das Konfigurationsmenü einstellen beziehungsweise überprüfen. Hierzu klicken Sie mit der rechten (!) Maustaste auf das Copernic-Symbol in der Taskleiste unten rechts und wählen den Befehl *Indexierstatus*. Im nächsten Fenster erkennen Sie nach einem Klick auf *Details*, ob und welche Dateien zurzeit in den Index aufgenommen werden.

Durchsuchte Orte festlegen

Standardmäßig durchsucht Copernic Desktop Search alle E-Mails sowie sämtliche Dateien in den Ordnern *Dokumente* beziehungsweise *Eigene Dateien*. Sie können aber auch andere Ordner mit durchsuchen lassen, etwa Dokumente, die auf einer externen Festplatte oder im Netzwerk gespeichert sind.

So geht's: Mit folgenden Schritten legen Sie Ordner fest, die von Copernic Desktop Search indexiert werden:

❶ Klicken Sie doppelt auf das Copernic-Symbol in der rechten unteren Ecke der Taskleiste.

❷ Rufen Sie den Befehl *Extras | Optionen* auf.

❸ Im Bereich *E-Mails* bestimmen Sie, welche E-Mail-Ordner von Copernic Desktop Search durchsucht werden sollen.

❹ Der Bereich *Dateien* legt die zu durchsuchenden Ordner der Festplatten oder Netzwerklaufwerke fest. Über die Schalt-

*Im Dialogfenster **Optionen** bestimmen Sie, welche Ordner und E-Mail-Postfächer durchsucht werden.*

flächen *Hinzufügen* und *Entfernen* können Sie weitere Ordner ergänzen oder wieder aus dem Suchindex entfernen. Es empfiehlt sich, hier alle Ordner einzubinden, in denen Sie persönliche Dateien wie Dokumente, Fotos oder Musik speichern.
❺ Schließen Sie das Fenster mit *OK*. Copernic Desktop Search nimmt bei der nächsten Indexierung auch die hinzugefügten Ordner in den Suchindex auf.

Mit Copernic Dateien suchen

Ist der Suchindex einmal aufgebaut, dauern das Suchen und Finden mit Copernic Desktop Search nur noch Sekundenbruchteile:

So geht's: Um blitzschnell Dateien, E-Mails, Musik, Videos oder Kontakte zu finden, gehen Sie folgendermaßen vor:

❶ Geben Sie in das neue Eingabefeld in der unteren rechten Ecke des Windows-Bildschirms den Suchbegriff ein. Das kann ein Teil des Dateinamens, aber auch ein Wort aus dem Dateiinhalt sein. Für die Suche nach *Rechnungen* reicht zum Beispiel die Eingabe „Rech".

❷ Sehr praktisch: Bereits während der Eingabe werden die ersten Ergebnisse präsentiert, sortiert nach Dokumenten, Bildern, Videos oder E-Mails.
❸ Mit einem Klick auf die Schaltfläche *Hauptfenster öffnen* erscheint eine detaillierte Trefferliste.
❹ Für einen Blick in die Datei oder E-Mail klicken Sie auf einen Treffer. Copernic Desktop Search blendet dann in der unteren Fensterhälfte eine Vorschau ein. Mit einem Doppelklick auf den Eintrag öffnen Sie die Datei in der entsprechenden Anwendung, ein Word-Dokument etwa in der Textverarbeitung Word.

Copernic Desktop Search findet blitzschnell das eingegebene Stichwort.

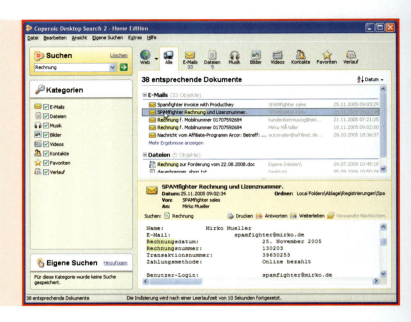

Die Windows-Suchmaschine ausschalten

Sobald Sie eine Desktopsuchmaschine wie Copernic verwenden, sollten Sie den Windows-eigenen Suchdienst abschalten. Ansonsten würden gleich zwei Suchprogramme die Dateien des eigenen Rechners indizieren, und das kostet nur unnötig Systemressourcen.

So geht's: Mit folgenden Schritten deaktivieren Sie die Windows-Suchdienste von Windows XP und Windows Vista:
❶ Bei Windows XP rufen Sie den Befehl *Start | Systemsteuerung* auf und klicken doppelt auf *Leistung und Wartung* sowie auf *Verwaltung*.

❷ Anschließend klicken Sie doppelt auf *Dienste* sowie den *Indexdienst*. Wählen Sie aus der Liste *Starttyp* den Eintrag *Deaktiviert*. Der Suchdienst von Windows ist damit ausgeschaltet. Schließen Sie alle Fenster mit *OK*.
❸ Bei Windows Vista öffnen Sie ebenfalls die Systemsteue-

rung (*Start* | *Systemsteuerung*) und klicken hier aber auf *System und Wartung* sowie *Indizierungsoptionen*.

❹ Klicken Sie auf die Schaltfläche *Ändern* sowie *Alle Orte anzeigen*, und entfernen Sie die Häkchen in den Kontrollkästchen der einzelnen Ordner. Schließen Sie alle Fenster mit *OK*.

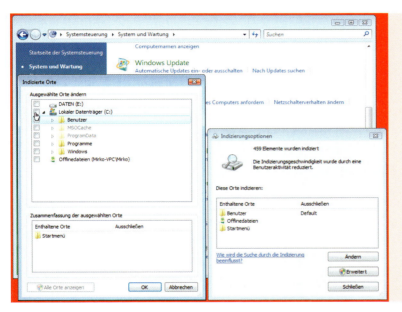

Wenn Sie Copernic Desktop Search zur Suche verwenden, sollten Sie die Windows-eigene Suche deaktivieren beziehungsweise bei Windows Vista einschränken.

Weitere Gratisalternativen

Neben Copernic gibt es weitere interessante Suchmaschinen für den eigenen Rechner:

- **Yahoo! Desktop Search**
de.docs.yahoo.com/search/desktop (ohne „www.")
Wie Copernic macht sich auch Yahoo! Desktop Search auf die Suche nach lokalen Dateien. Der Yahoo-Dienst ist sehr schnell und einfach in der Bedienung.
- **Google Desktop**
desktop.google.com/de (ohne „www.")
Eine weitere interessante Lösung kommt von der Suchma-

schine Google. Mit Google Desktop kommt die bewährte Google-Technologie auf dem eigenen Rechner zum Einsatz. Die Bedienung ist allerdings gewöhnungsbedürftig, da die Desktopsuche nicht in einem eigenen Programmfenster, sondern komplett im Fenster des Internet Explorers erfolgt.

- **Windows Search 4**

  support.microsoft.com/kb/940157 (ohne „www.")
  Auch Microsoft hat erkannt, dass die Windows-eigene Suche zu langsam und zu umständlich ist. Mit Windows Search 4 hat Microsoft die Suchfunktion komplett neu entwickelt. Die Suche erfolgt jetzt ebenfalls – wie bei den Desktopsuchmaschinen – über einen schnellen Suchindex. Windows Search 4 lässt sich für Windows XP und Vista über die Microsoft-Internetseite herunterladen und nachträglich installieren.

Gelöschte Dateien retten mit Recuva

So schnell, wie neue Dateien wie Briefe oder Fotos angelegt werden, lassen sie sich auch löschen. Das kann fatale Folgen haben. Wenn Sie im Eifer des Gefechts beispielsweise Ihre mühsam geschriebenen Tagebücher oder Memoiren versehentlich löschen, ist die Arbeit von Tagen, Monaten oder Jahren schnell verloren. Das versehentliche Drücken der Taste [Entf] kann selbst erfahrenen PC-Anwendern passieren.

Papierkorb

Mit etwas Glück bleibt das versehentliche Löschen folgenlos. Denn gelöschte Dateien lassen sich – zumindest für einen gewissen Zeitraum – wieder zurückholen. Intern werden die Daten nämlich nicht sofort von der Festplatte entfernt, sondern landen zunächst im Papierkorb von Windows. Mit einem Doppelklick auf das Papierkorbsymbol auf der Arbeitsoberfläche von Windows finden Sie mit etwas Glück die gelöschten Dateien wieder. Über den Befehl *Wiederherstellen* landet die Datei wieder an ihrem ursprünglichen Ort.

Den Rechner organisieren und aufräumen

Tipp: Versehentlich Gelöschtes sofort wiederherstellen. Sollten Sie das versehentliche Löschen sofort und unmittelbar nach dem Löschvorgang bemerken, können Sie den Fehler direkt korrigieren. Alle Dateioperationen wie das Kopieren, Verschieben, Umbenennen oder Löschen können Sie mit der Tastenkombination [Strg]+[Z] oder dem Befehl *Bearbeiten* | *Rückgängig* beziehungsweise *Organisieren* | *Rückgängig* wieder ungeschehen machen.

Selbst wenn die gelöschte Datei im Papierkorb nicht mehr zu finden ist, ist noch nicht alles verloren. Mit speziellen Rettungswerkzeugen können Sie Festplatten und Speicherkarten analysieren und nach Dateiresten suchen, die scheinbar verloren sind. Dabei gilt: Je schneller Sie das versehentliche Löschen bemerken, umso besser stehen die Chancen für eine erfolgreiche Datenrettung.

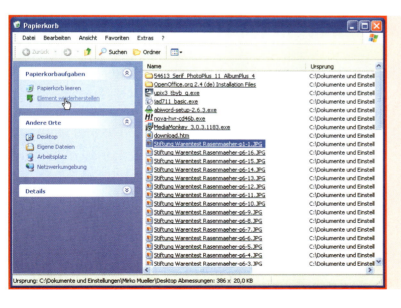

Gelöschte Dateien werden zunächst in den Papierkorb verschoben. Hier lassen sie sich für einige Zeit problemlos wiederherstellen.

Die Bedienung des Rettungsprogramms ist einfach. Sie teilen dem Programm nur mit, auf welchem Datenträger nach gelöschten Dateien gesucht werden soll. Je nach Datenträgergröße dauert die Suche zwischen wenigen Minuten und mehreren Stunden. Nach Abschluss der Analyse erhalten Sie eine Übersicht aller Dateien, die sich problemlos wiederherstellen lassen.

So geht's: Um mit Recuva, einem der besten kostenlosen Rettungsprogramme, den Computer, angeschlossene USB-Sticks oder Speicherkarten nach gelöschten Dateien zu durchforsten, gehen Sie folgendermaßen vor:

❶ Starten Sie den Internet Explorer (*Start* | *Alle Programme* | *Internet Explorer*) oder einen anderen Internetbrowser, und rufen Sie die Internetseite www.recuva.com/download auf.

❷ Klicken Sie auf die Schaltfläche *Download from FileHippo.com* und anschließend oben rechts auf *Download Latest Version*.

❸ Klicken Sie auf die gelbe Leiste am oberen Fensterrand, und wählen Sie den Befehl *Datei herunterladen*.

❹ Klicken Sie auf die Schaltfläche *Ausführen*, um die Installationsdateien herunterzuladen. Sobald die Datei heruntergeladen wurde, klicken Sie erneut auf *Ausführen*. Folgen Sie den Anweisungen des Installationsassistenten, um die Installation abzuschließen.

❺ Nach der Installation starten Sie das Programm mit dem Befehl *Start* | *Alle Programme* | *Recuva* | *Recuva*.

❻ Bestätigen Sie das erste Fenster des Assistenten mit *Weiter*.

❼ Um möglichst alle wiederherstellbaren Dateien zu finden, wählen Sie den Eintrag *Sonstige* und im nächsten Fenster

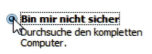

die Option *Bin mir nicht sicher, durchsuche den kompletten Computer*.

Die besten Ergebnisse erzielen Sie, wenn Sie im nächsten Fenster das Kontrollkästchen *Aktiviere Tiefenscan* ankreuzen. Dann dauert die Suche zwar länger, das Programm findet aber mehr verlorene Dateien. Mit einem Klick auf *Start* beginnt Recuva mit der Suche.

❽ Nach Abschluss der Analyse erhalten Sie eine Liste aller rekonstruierbaren Dateien. Die farbigen Punkte kennzeichnen, ob die Chancen für eine Wiederherstellung gut stehen (grün), ob mit Dateibeschädigungen zu rechnen ist (gelb) oder ob die Datei unwiederbringlich verloren ist (rot).

Um die Dateiliste in einer übersichtlichen Baumstruktur darzustellen, klicken Sie mit der rechten (!) Maustaste auf einen beliebigen Eintrag und wählen den Befehl *Ansicht | Baum-Ansicht*. Jetzt können Sie – wie beim Windows-Explorer – über die Plus- und Minusschaltflächen die einzelnen Order der Festplatte ein- und ausklappen.

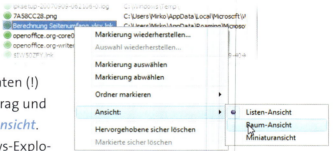

❾ Weitere Informationen zu den einzelnen Dateien erhalten Sie per Mausklick auf die Schaltfläche *Einstellungen*. Im rechten Fensterbereich finden Sie in den Registern *Vorschau, Info* und *Header* Zusatzinformationen über das Löschdatum und den Zustand der gefundenen Dateireste.

❿ Kreuzen Sie die Dateien an, die Sie wiederherstellen möchten, und klicken Sie auf die Schaltfläche *Wiederherstellen*.

⓫ Im nächsten Schritt wählen Sie den Zielordner, in dem die wiederhergestellten Dateien gespeichert werden sollen, und klicken auf die Schaltfläche *OK*. Die markierten Dateien stehen anschließend wieder im gewählten Zielordner zur Verfügung.

Verloren geglaubte Dateien und Ordner können Sie mit dem Gratisprogramm Recuva wieder ans Tageslicht befördern.

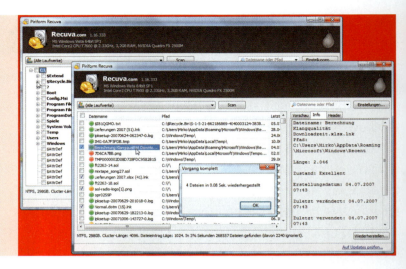

Den Rechner aufräumen mit CCleaner

Mit der Zeit herrscht auf der Festplatte ein regelrechtes Chaos. Das ist bei jedem Rechner so. Tausende Dateien sind kreuz und quer auf den Datenträgern verteilt, darunter jede Menge überflüssige Dateien, die wertvollen Festplattenspeicherplatz belegen und den Rechner langsamer machen. Kostenlose Hilfsprogramme wie CCleaner (Crap Cleaner, zu Deutsch: *Müllbeseitiger*) suchen gezielt nach überflüssigen Dateien und Programmeinstellungen. Mit einem Klick führen Sie anschließend einen digitalen Frühjahrsputz durch und befreien den PC von unnötigem Ballast.

Aufräumen mit CCleaner

Mit weltweit über 20 Millionen Installationen gehört CCleaner zu einem der erfolgreichsten Saubermänner für den PC. Das liegt vor allem daran, dass CCleaner sehr gründlich vorgeht und sich kinderleicht bedienen lässt.

Den Rechner organisieren und aufräumen

So geht's: Um mit dem digitalen Putzteufel CCleaner den Rechner aufzuräumen, gehen Sie folgendermaßen vor:

❶ Im ersten Schritt müssen Sie CCleaner auf Ihrem Computer installieren. Hierzu starten Sie den Internet Explorer (*Start | Alle Programme | Internet Explorer*) oder einen anderen Internetbrowser und rufen die Internetseite www.ccleaner.de auf.

❷ Klicken Sie in der linken Navigationsspalte auf *Download*.

❸ Klicken Sie auf die Schaltfläche *Ausführen*, um die Installationsdateien herunterzuladen. Sobald die Datei heruntergeladen wurde, klicken Sie erneut auf *Ausführen*. Folgen Sie den Anweisungen des Installationsassistenten, um die Installation abzuschließen.

❹ Starten Sie das Programm über den Befehl *Start | Alle Programme | CCleaner | CCleaner*.

❺ Das Programmfenster ist übersichtlich aufgeteilt in vier Bereiche: *Cleaner, Registry, Extras* und *Einstellungen*.

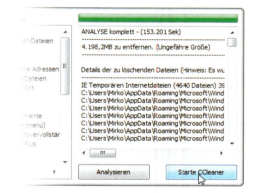

Im wichtigsten Bereich *Cleaner* räumt das Programm in Windows kräftig auf. Klicken Sie hier auf die Schaltfläche *Analysieren*. Das Programm macht sich dann auf die Suche nach überflüssigen und verwaisten Dateien. Dazu gehören temporäre Dateien, Cookies (Datenschnipsel von Internetanbietern), die Zwischenablage, der Papierkorb, Speicherabbilder, Fragmente der Datenträgerüberprüfung und Protokolldateien von Windows. Mit einem Klick auf *Starte CCleaner* werden die überflüssigen Daten auch gleich von der Festplatte gelöscht.

❻ Im Bereich *Registry* überprüft CCleaner die Registrierdatenbank von Windows. Hier speichern Windows und die Anwendungsprogramme zahlreiche Programmeinstellungen. Nach einem Klick auf *Nach Fehlern suchen* analysiert CCleaner die Struktur der Datenbank und sucht nach Inkonsistenzen oder Fehlern. Um auch gleich die notwendigen Reparaturen vorzunehmen, klicken Sie anschließend auf *Fehler beheben*.

❼ Für einen schnelleren Windows-Start lohnt sich ein Blick in die Rubrik *Extras*. Hier finden Sie eine Liste der installierten Programme sowie aller Anwendungen, die beim Windows-Start gleich mitgestartet werden. Über die Schaltfläche *Deaktivieren* können Sie „heimlich" mitstartende Programme ganz einfach deaktivieren.

Info: Weitere Optimierungsprogramme. Das Löschen überflüssiger Dateien ist nur eine von vielen Maßnahmen zum Beschleunigen und Entschlacken des Rechners. Mit welchen Einstellungen und Gratisprogrammen Sie den Rechner noch beschleunigen können, erfahren Sie im Kapitel *Den Rechner schneller machen* (→ Seite 167).

Sicherheitskopien anlegen mit SyncBack

Das Thema Sicherheitskopien wird von vielen Anwendern gerne vernachlässigt. Schließlich funktioniert der Computer jeden Tag, was soll da groß passieren? Diese Einstellung ist zwar bequem, aber höchst fahrlässig. Denn auf jedem Computer gibt es jede Menge Dateien, die sich nur mühsam oder gar nicht mehr wiederherstellen lassen. Und sind zum Beispiel Tagebücher, die Memoiren oder Bilder der Enkelkinder erst einmal weg, ist es zu spät. Ohne Sicherheitskopien sind die Dokumente und Erinnerungen für immer verloren. Um das Risiko eines Datenverlusts zu minimieren, sollten Sie von den wichtigsten Daten regelmäßig Sicherheitskopien anlegen. Das hört sich kompliziert an, ist mit spezieller Software

Den Rechner organisieren und aufräumen 159

Am einfachsten ist die Sicherung auf eine externe Festplatte, die über ein USB-Kabel an den Computer angeschlossen wird, hier zum Beispiel das Modell My Book von Western Digital (www.westerndigital.com).

aber ganz einfach. Auf Wunsch übernimmt das Programm die Aufgabe sogar automatisch, ohne dass Sie manuell eingreifen müssen. Sie müssen nur einmal festlegen, welche Daten wohin gesichert werden sollen, und den Rest erledigt das Sicherungsprogramm. Es kopiert auf Knopfdruck oder nach Zeitplan automatisch alle neu hinzugekommenen oder geänderten Dateien auf das Sicherungsmedium, zum Beispiel auf eine externe Festplatte.

Gute Programme zum Sichern wichtiger Daten gibt es im Internet kostenlos. Für PC-Laien sehr gut geeignet ist das Gratisprogramm SyncBack, mit dem Sie einfach und unkompliziert Sicherungskopien anlegen.

So geht's:
Um mit dem kostenlosen Sicherungsprogramm SyncBack Daten automatisch auf eine externe Festplatte zu sichern,

gehen Sie folgendermaßen vor:

❶ Im ersten Schritt installieren Sie das kostenlose Sicherungsprogramm SyncBack. Hierzu starten Sie den Internet Explorer (*Start* | *Alle Programme* | *Internet Explorer*) oder einen anderen Internetbrowser und rufen die Internetseite www.2brightsparks.com/syncback auf.

❷ Um die deutsche Version herunterzuladen, klicken Sie im unteren Bereich der Internetseite auf *German* und anschließend auf *Öffnen*. Sobald der Ladevorgang abgeschlossen ist, klicken Sie doppelt auf die Datei *SyncBack_Setup_DE* und auf die Schaltfläche *Ausführen*. Folgen Sie den Anweisungen des Installationsassistenten, um die Einrichtung abzuschließen.

❸ Nach der Installation müssen Sie zuerst ein Sicherungsprofil anlegen. Damit legen Sie fest, welche Daten wohin gesichert werden sollen. Sie können auch mehrere Profile anlegen, etwa getrennt für Dokumente, Bilder, Musik oder Videos. Starten Sie das Programm mit dem Befehl *Start* | *Alle Programme* | *2BrightSparks* | *SyncBack* | *SyncBack*. Rufen Sie anschließend den Befehl *Profil* | *Neu* auf, und wählen Sie die Option *Sicherung*. Geben Sie einen Namen für das Profil ein.

❹ Klicken Sie in der Zeile *Quelle* auf die gelbe Ordnerschaltfläche am rechten Rand, und wählen Sie den Ordner aus, in dem sich die zu sichernden Dateien befinden, etwa *Eigene Dateien* oder *Dokumente*.

Den Rechner organisieren und aufräumen 161

❺ Anschließend klicken Sie in der Zeile *Ziel* auf die Ordnerschaltfläche und wählen den Zielordner auf der externen Festplatte aus, in den die Dateien kopiert werden sollen. Wenn Ihre externe USB-Festplatte beispielsweise über den Laufwerksbuchstaben *Y:* erreichbar ist, und dort ein Ordner *Backup* (englisch für *Sicherheitskopie*) existiert, wählen Sie den Ordner *Y:\Backup*.
Klicken Sie auf *OK*, um das Sicherungsprofil zu speichern.

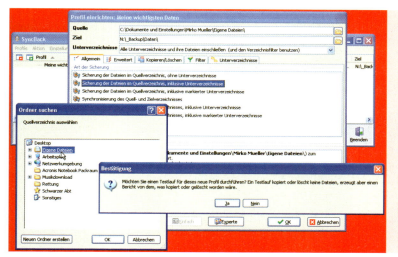

Das Sicherungsprofil müssen Sie nur einmal erstellen. Hier teilen Sie dem Programm mit, welche Dateien wohin kopiert werden sollen.

❻ Beantworten Sie die Frage, ob Sie einen Testlauf durchführen möchten, mit *Ja*. Damit prüfen Sie zunächst, ob Sie alles richtig eingestellt haben. Im Protokollfenster zeigt das Programm, welche Dateien beim nächsten Durchlauf kopiert würden. Prüfen Sie hier, ob wirklich alle wichtigen Daten berücksichtigt werden.

❼ Um die Datensicherung tatsächlich durchzuführen, schließen Sie zunächst alle Programme. Damit verhindern Sie, dass Dateien während des Sicherungsvorgangs noch geöffnet sind und nicht mitgesichert werden. Anschließend markieren Sie in SyncBack das Profil und klicken auf die Schaltfläche *Starten*.

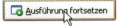

❽ Das Sicherungsprogramm prüft zuerst, welche Daten noch nicht gesichert wurden, und zeigt eine Übersicht der ausgewählten Dateien. Klicken Sie auf *Ausführung fortsetzen*, um den Kopiervorgang zu starten.

Die Dateien werden anschließend wie gewünscht von der PC-Festplatte auf die externe USB-Festplatte kopiert. In der Spalte *Fortschritt* erkennen Sie, wie viele Dateien noch gesichert werden müssen. Sobald der Kopiervorgang abgeschlossen ist, erscheint in der Spalte *Status* der Eintrag *Erfolg*. Sollte SyncBack Dateien nicht sichern können, weil sie zum Beispiel geöffnet waren, erscheint eine Fehlermeldung. Mit dem Befehl *Aktion | Report anzeigen* erhalten Sie eine Liste aller Dateien, die nicht kopiert wurden.

Tipp: Auch geöffnete Dateien sichern. Das Gratisprogramm SyncBack kann nur Daten sichern, die zum Zeitpunkt der Sicherung nicht geöffnet sind. Ist eine Textdatei zum Beispiel gerade im Textbearbeitungsprogramm aufgerufen oder haben Sie das E-Mail-Programm gestartet, wird die geöffnete Datei nicht mitgesichert. Schließen Sie daher vor der Sicherung alle geöffneten Programme. Alternativ hierzu können Sie auch auf die kostenpflichtige Variante SyncBack SE (circa 20 Euro) umsteigen, mit der auch geöffnete Dateien mitgesichert werden können.

Geänderte und neue Daten sichern

Je nach Datenmenge dauert die Sicherung beim ersten Mal recht lange, da sämtliche Dateien vom Quell- in den Zielordner kopiert werden müssen. Ab dem zweiten Mal geht es schneller, da SyncBack schon über eine Sicherungskopie

Den Rechner organisieren und aufräumen

verfügt und nur noch die veränderten beziehungsweise neu hinzugekommenen Dateien speichern muss.

So geht's: Gehen Sie wie folgt vor, um zukünftig nur noch alle geänderten und neuen Dateien auf die externe Festplatte zu sichern.

❶ Starten Sie SyncBack (*Start* | *Alle Programme* | *2BrightSparks* | *SyncBack* | *SyncBack*), und markieren Sie das Sicherungsprofil.

❷ Klicken Sie auf die Schaltfläche *Starten*. Kurz danach erscheint eine Liste aller Dateien, die seit der letzten Sicherung verändert worden oder neu hinzugekommen sind.

❸ Klicken Sie auf die Schaltfläche *Ausführung fortsetzen*, um den Kopiervorgang zu starten. Da jetzt nur noch die geänderten und neuen Dateien kopiert werden, dauert die Sicherung nur noch wenigen Minuten, oft sogar nur Sekunden.

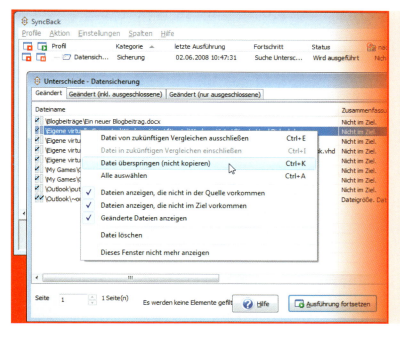

Vor der Datensicherung zeigt SyncBack eine Übersicht aller in der Zwischenzeit veränderten beziehungsweise neu hinzugekommenen Dateien. Wenn Sie mit der rechten (!) Maustaste auf einen Eintrag klicken, können Sie Dateien bei der Sicherung überspringen.

Achtung: Sicherungskopien richtig lagern. Sicherungskopien auf einer externen Festplatte sind die Lebensversicherung für Ihre Daten. Entsprechend umsichtig sollten Sie diese Sicherungen lagern. Um zum Beispiel bei einem Brand oder durch Überspannung nicht das Original und gleichzeitig alle Sicherheitskopien zu verlieren, sollten Sie die externe Festplatte außer Haus aufbewahren. Gut aufgehoben ist die Sicherungsfestplatte zum Beispiel bei Freunden oder Verwandten. Noch besser ist die Nutzung von mindestens zwei Sicherungsfestplatten. Dann können Sie eine externe Festplatte zum regelmäßigen Sichern verwenden und die zweite USB-Festplatte extern lagern. Am sichersten sind externe Festplatten im Schließfach der Bank aufgehoben.

Einmal richtig eingerichtet, ist das Anlegen von Sicherheitskopien mit dem Gratisprogramm SyncBack eine Sache von wenigen Mausklicks. Noch komfortabler wird es, wenn Sie einen Zeitplan definieren, nach dem das Programm automatisch alle neuen und alle geänderten Dateien auf die externe Festplatte kopiert.

So geht's: Mit folgenden Schritten legen Sie einen Zeitplan für automatische Sicherungskopien an:

❶ Starten Sie SyncBack, und markieren Sie das Sicherungsprofil, das automatisch ausgeführt werden soll. Anschließend klicken Sie auf die Schaltfläche *Zeitplan*.

❷ Wenn auf Ihrem Computer Windows XP installiert ist, erscheint der Hinweis, dass die Sicherungen nur dann automatisch durchgeführt werden, wenn Ihr Windows-Benutzerkonto mit einem Kennwort geschützt ist. Wenn Sie Windows auch weiterhin ohne Kennwort nutzen möchten, klicken Sie auf *Ja*, um diese Beschränkung aufzuheben.

❸ Kreuzen Sie das Kontrollkästchen *Nur ausführen, wenn angemeldet* an.

❹ Wechseln Sie in das Register *Zeitplan*, und legen Sie den Plan für die automatische Sicherung fest, etwa *Wöchentlich, Mittwochs um 12:00 Uhr*.

❺ Schließen Sie das Dialogfenster mit *OK*. Die Sicherungen werden jetzt automatisch im gewünschten Intervall ausgeführt. Sollte der Rechner zum gewählten Zeitpunkt ausgeschaltet sein, holt das Programm die Sicherung beim nächsten Rechnerstart automatisch nach.

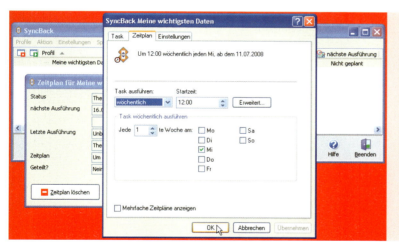

Definieren Sie in SyncBack einen Zeitplan, um Daten automatisch zu sichern.

Den Rechner schneller machen

Wenn der Rechner immer langsamer wird, Programme nur noch im Schneckentempo starten und es eine halbe Ewigkeit dauert, bis der Computer wieder herunterfährt, ist es Zeit für ein Großreinemachen. Das Aufräumen ist früher oder später bei jedem Rechner fällig. Denn mit der Zeit sammelt sich auf jedem PC unnötiger Ballast an, der aufs Tempo drückt. Mit den richtigen Gratisprogrammen lösen Sie die Tempobremsen und machen den PC wieder so schnell wie am ersten Tag.

Die Messlatte: TuneUp Utilities

Einen PC aufzuräumen und wieder flott zu machen, kann ganz schön viel Arbeit bedeuten. Es gibt einfach zu viele Stellschrauben, die das Arbeitstempo beeinflussen. Wer es sich besonders einfach machen möchte, kann professionelle Optimierungsprogramme aus dem Handel einsetzen. Zu den Marktführern gehört das Optimierungswerkzeug TuneUp Utilities (www.tuneup.de) für circa 40 Euro.

Das Schöne an kommerziellen Optimierern wie TuneUp Utilities: Die Programme bieten schnelle Lösungen für alle Optimierungszwecke; sie sind in Sachen PC-Beschleunigung die sprichwörtliche „eierlegende Wollmilchsau". Von der Optimierung, Beschleunigung und Fehlerbehebung über die Datenrettung bis zum Schutz vor Schädlingen ist alles inklusive.

Der Profi-Optimierer TuneUp Utilities bietet alle Optimierungswerkzeuge unter einem Dach.

Beschleunigen mit Bordmitteln

Um die wichtigsten Tempobremsen zu lösen, sind keine Zusatzprogramme erforderlich. Denn bei Windows XP und

Windows Vista können Sie auch mit Bordmitteln einer zu langsamen Festplatte wieder Beine machen.

Festplattenfehler reparieren

Wichtig für einen schnellen Rechner ist eine gesunde Festplatte. Nur ein fehlerfreier Datenträger ist schnell und vermindert das Risiko von Ausfällen. Doch nicht immer ist es mit der Gesundheit zum Besten bestellt. Schuld daran sind nicht unbedingt mechanische Hardwarefehler, sondern logische Fehler innerhalb der Datenstruktur der Festplatte wie defekte Dateien oder unlesbare Dateireste. Solche Reste bleiben meist nach Programm- oder Systemabstürzen auf der Festplatte liegen und machen sie mit der Zeit langsamer. Die gute Nachricht: Mit dem Festplattenprüfprogramm von Windows können Sie schnell feststellen, ob die Platte gesund ist.

So geht's:
Wie gesund Ihre Festplatte ist, verrät Ihnen die Fehlerprüfung von Windows. Das Programm für den Festplatten-TÜV ist bei Windows automatisch mit an Bord, Sie sollten es regelmäßig – etwa einmal pro Monat – aufrufen. Gehen Sie dazu wie folgt vor:

❶ Starten Sie den Windows-Explorer mit dem Befehl *Start* | *Alle Programme* | *Zubehör* | *Windows-Explorer* oder der Tastenkombination ⊞+E.

❷ Klicken Sie mit der rechten (!) Maustaste auf das Symbol der Festplatte – zum Beispiel *Lokaler Datenträger (C:)* –, und wählen Sie den Befehl *Eigenschaften*.

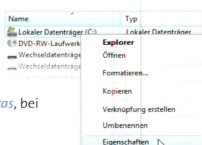

❸ Wechseln Sie bei Windows XP in das Register *Extras*, bei Windows Vista in das Register *Tools*.

❹ Klicken Sie auf die Schaltfläche *Jetzt prüfen*.

❺ Im folgenden Dialogfenster bestimmen Sie, wie intensiv Sie die Festplatte überprüfen möchten. Üblicherweise nimmt das Programm nur eine rasche Durchsicht vor, bleibt sonst aber untätig. Das Prüfprogramm meldet dann zwar Fehler, repariert aber nichts.

❻ Möchten Sie hingegen gefundene Fehler sofort reparieren, sollten Sie das Kontrollkästchen *Dateisystemfehler automatisch korrigieren* ankreuzen. Dann nimmt Windows im Falle eines Falles auch gleich die Reparaturen vor.

❼ Neben Fehlern im Dateisystem treten mitunter auch fehlerhafte Sektoren auf. Dann sind nicht nur einzelne Dateien, sondern ganze Bereiche der Festplatte beschädigt. Mit der Option *Fehlerhafte Sektoren suchen/wiederherstellen* können Sie Windows anweisen, auch nach fehlerhaften Festplattenbereichen zu suchen und diese gegebenenfalls gleich wieder auf Vordermann zu bringen.

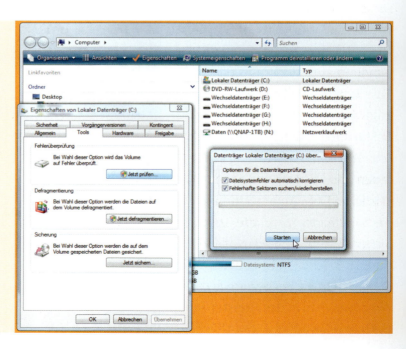

Mit dem Prüfprogramm von Windows nehmen Sie die Festplatte unter die Lupe und reparieren fehlerhafte Dateien.

Info: Windows-Laufwerk erst nach Neustart. Wenn Sie das Laufwerk überprüfen möchten, auf dem das Betriebssystem installiert ist – zumeist das Laufwerk *C: –*, nimmt Windows die Überprüfung erst beim nächsten Start des Computers vor.

❽ Starten Sie den Prüfvorgang per Mausklick auf die Schaltfläche *Starten*.

Die Festplatte schneller machen

Auf der Festplatte Ihres Rechners geht es oft drunter und drüber. Durch das ständige Speichern und Löschen entstehen auf dem Datenträger Lücken zwischen den Dateien. Das hat Folgen beim Abspeichern neuer Dateien. Kommt eine neue Datei hinzu, zerstückelt Windows die Daten und „stopft" die Lücken mit Dateifragmenten. Dabei kann es passieren, dass eine Datei in Dutzende Stücke zerteilt kreuz und quer verstreut auf der Festplatte liegt. Das hört sich dramatisch an, ist für die Festplatte aber grundsätzlich kein Problem. Sie weiß genau, wo die Bruchstücke liegen, und kann sie beim Öffnen Stück für Stück wieder zusammensuchen und als Ganzes öffnen. Allerdings kostet dieses Zusammensuchen eine Menge Zeit. Je mehr Bruchstücke existieren, umso länger dauern das Laden und Speichern von Dateien. Die Festplatte wird langsamer und auf Dauer auch über Gebühr mechanisch strapaziert. Fachleute sprechen von Fragmentierung, da die Dateien nicht mehr zusammenhängend, sondern als Fragmente auf der Platte vorliegen. Dagegen können Sie erfreulicherweise etwas tun: Das Zauberwort heißt Defragmentierung. Windows verfügt über ein eingebautes Defragmentierprogramm, das auf der Festplatte wieder für Ordnung sorgt und sie schneller macht. Bildlich gesprochen sammelt es die Dateifragmente ein und setzt sie wieder zu einer Komplettdatei zusammen. Wenn auf Ihrem PC Windows XP installiert ist, sollten Sie etwa einmal im Monat eine Defragmentierung vornehmen. Bei Windows Vista ist das nicht notwendig, da Vista die Optimierung automatisch etwa einmal pro Woche durchführt.

So geht's: Um bei Windows XP die Festplatte zu defragmentieren, gehen Sie folgendermaßen vor:
❶ Starten Sie den Windows-Explorer mit dem Befehl *Start* | *Alle Programme* | *Zubehör* | *Windows-Explorer* oder der Tastenkombination ⊞ + E.
❷ Im Explorer klicken Sie mit der rechten Maustaste auf die Festplatte – zum Beispiel *Lokaler Datenträger (C:)* – und wählen den Befehl *Eigenschaften*.
❸ Wechseln Sie in das Register *Extras*.
❹ Klicken Sie auf die Schaltfläche *Jetzt defragmentieren*.
❺ Markieren Sie im folgenden Dialogfenster das Laufwerk, das Sie optimieren möchten – beispielsweise *Lokaler Datenträger (C:)*.
❻ Klicken Sie im unteren Teil des Dialogfensters auf die Schaltfläche *Überprüfen*.
❼ Windows überprüft daraufhin, wie viele und welche Dateien nur noch als Fragmente vorliegen. Nachdem die Überprüfung abgeschlossen ist, klicken Sie auf die Schaltfläche *Bericht anzeigen*.
❽ Im Bericht zeigt Windows den Grad der Fragmentierung und welche Dateien am stärksten davon betroffen sind. Mitunter bestehen Dateien sogar aus mehreren Hundert Fragmenten. Am wichtigsten sind die Informationen im Bereich *Volumeinformation*. Als Faustregel gilt: Wenn die

Fragmentierung in der Zeile *Fragmentierung gesamt* über fünf Prozent liegt, sollten Sie die Festplatte defragmentieren. Liegt die Fragmentierung unter fünf Prozent, ist noch keine Optimierung notwendig. Im oberen Teil des Berichtsfensters gibt Windows eine Empfehlung ab, zum Beispiel *Das Volume muss nicht defragmentiert werden*.

❾ Um die Festplatte zu defragmentieren, klicken Sie auf die Schaltfläche *Defragmentieren*. Windows beginnt sofort, die Dateien neu zu sortieren und wieder an einem Stück zu speichern. Im Statusfenster können Sie den Fortschritt verfolgen. Sie müssen nicht unbedingt auf das Ende der Defragmentierung warten, sondern können wie gewohnt mit dem Computer weiterarbeiten. Der PC ist dann zwar langsamer, für normale Büroanwendungen oder das Surfen im Internet reicht es aber allemal.

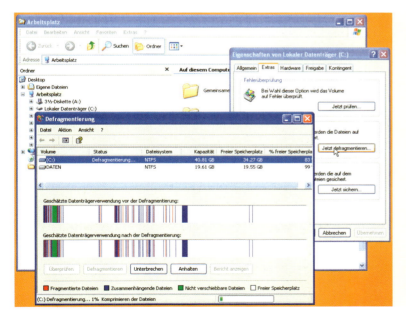

Mit der Defragmentierung von Windows XP bringen Sie Ordnung in Ihre Festplatte und beschleunigen die Festplattenzugriffe.

Während des Optimierungsvorgangs können Sie genau verfolgen, was gerade auf der Festplatte passiert. Im unteren Teil des Dialogfensters finden Sie eine schematische Darstellung der Fragmentierung. Die Farben verraten dabei, wie es auf der Festplatte aussieht.

Rote Streifen zeigen zerstückelte Dateien. Alle Dateien „aus einem Guss" sind blau dargestellt. Bei grünen Bereichen handelt es sich um Daten, die aus Sicherheitsgründen nicht verschoben werden dürfen und dort wie festgemeißelt verharren müssen. Hierzu gehören beispielsweise die Auslagerungsdatei von Windows, die Registrierungsdatenbank und das Inhaltsverzeichnis der Festplatte, die Master File Tabelle (Hauptdateitabelle). Alle weißen Bereiche kennzeichnen den freien, ungenutzten Speicherplatz auf der Festplatte.

Windows schneller machen mit TweakPower

Die Fehlersuche und das Defragmentieren der Festplatte sind nur ein kleiner Teil der Optimierungsmöglichkeiten. Für einen schnelleren PC können Sie in Windows an vielen weiteren Stellen Optimierungen vornehmen. Damit Sie nicht selbst Hand anlegen und am Windows-Motor basteln müssen, gibt es Optimierungsprogramme. Die übernehmen für Sie die kniffligen Einstellungen. Sie müssen dem Programm nur mitteilen, welche Aufgaben durchgeführt werden sollen.

Das kostenlose Programm TweakPower (gesprochen: *Twiek-Pauer*) von Kurt Zimmermann gehört zu den besten und leistungsfähigsten Optimierungsanwendungen. Es ist ein wahres Multitalent in Sachen Windows-Optimierung. Die leichte Bedienung kommt dabei auch Einsteigern entgegen.

TweakPower installieren und einrichten

Das Optimierungsprogramm TweakPower erhalten Sie kostenlos aus dem Internet. Die Installation der nützlichen Hardware dauert nur wenige Minuten.

So geht's: Um TweakPower auf Ihrem Computer zu installieren, gehen Sie folgendermaßen vor:

❶ Starten Sie den Internet Explorer (*Start* | *Alle Programme* | *Internet Explorer*) oder einen anderen Internetbrowser, und rufen Sie die Internetseite www.kurtzimmermann.com auf.

❷ Klicken Sie links in der Navigationsspalte auf *TweakPower* und anschließend ganz unten auf der Seite auf *Download Now*.

❸ Anschließend klicken Sie auf die Schaltfläche *Ausführen*, um die Installationsdateien herunterzuladen. Sobald die Datei heruntergeladen wurde, klicken Sie erneut auf *Ausführen*.

❹ Folgen Sie den Anweisungen des Installationsassistenten, um die Installation abzuschließen.

Info: TweakPower als Betaversion. Der Autor von TweakPower bezeichnet sein Programm als Betaversion. Das bedeutet, dass es sich um eine Testversion handelt, die regelmäßig weiterentwickelt wird. Der Autor stellt das Programm daher auch immer nur mit einer beschränkten Laufzeit zur Verfügung. Ist der Gültigkeitszeitraum abgelaufen, können Sie von der Internetseite www.kurtzimmermann.com eine neue, weiterentwickelte Version mit verlängerter Laufzeit herunterladen. Ob es mittlerweile eine neue Version gibt, erfahren Sie über die Schaltfläche *Optionen* und den Befehl *Neue Version verfügbar?* in TweakPower.

❺ Nach der Installation startet das Programm automatisch. Beim ersten Start erscheint das Dialogfenster *Startoptionen*. Hier legen Sie die Einstellungen für den ersten Start fest. Es empfiehlt sich, alle Kontrollkästchen angekreuzt zu lassen und das Fenster mit *OK* zu bestätigen. TweakPower

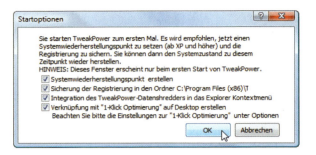

legt dann von allen wichtigen Konfigurationseinstellungen Sicherheitskopien an. Zudem wird ein Systemwiederherstellungspunkt angelegt, mit dem Sie zur ursprünglichen Konfiguration zurückkehren können.

Info: Zurück zur alten Konfiguration. Da TweakPower zu Beginn einen Wiederherstellungspunkt anlegt, können Sie alle Änderungen auf Wunsch wieder „zurückspulen". Mit dem Befehl *Start | Alle Programme | Systemprogramme | Systemwiederherstellung* können Sie den Computer auf den Stand eines früheren Zeitpunkts bringen.

Mit TweakPower den Rechner entrümpeln und beschleunigen

Das Optimieren des Computers ist mit TweakPower besonders einfach. Im Programmfenster sind alle wichtigen Funktionen übersichtlich in Kategorien wie *Bootvorgang, Windows* und *Hardware* unterteilt. Einstellungen wie das Austauschen von System- und Desktopsymbolen, die Optimierung der Netzwerkeigenschaften, die Verwaltung des Arbeitsspeichers bis hin zu Laufwerks- und Sicherheitseinstellungen gehen damit leicht von der Hand. Zu allen Einstellmöglichkeiten erhalten Sie ausführliche Erläuterungen. So erfahren Sie bereits im Vorfeld, welche Auswirkungen die einzelnen Optimierungsmaßnahmen haben.

Auch der Weg zurück ist möglich: Dank der Systemwiederherstellung macht das Programm alle vorgenommenen Einstellungen auf Wunsch rückgängig.

Den Rechner schneller machen

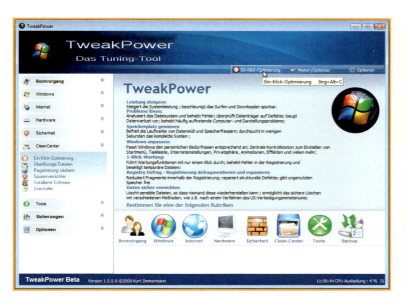

Mit TweakPower können auch Laien einfach und gefahrlos die Leistung des Rechners optimieren.

So geht's: Mit folgenden Schritten lösen Sie bekannte Windows-Probleme, gewinnen mehr Speicherplatz und steigern die Leistung Ihres Computers:

❶ Starten Sie das Optimierungsprogramm mit dem Befehl *Start | Alle Programme | TweakPower | TweakPower*.

❷ Generell haben Sie zwei Möglichkeiten: Sie können Stück für Stück alle Einstellungen separat vornehmen oder mit der *Ein-Klick-Optimierung* alle Optimierungsvorschläge mit nur einem Mausklick durchführen. Wenn es schnell gehen soll und Sie sich nicht lange mit den einzelnen Optimierungsmaßnahmen beschäftigen möchten, ist die Ein-Klick-Lösung die beste Wahl. Klicken Sie im oberen Programmfenster auf die Schaltfläche *Ein-Klick-Optimierung*. TweakPower macht sich sofort an die Arbeit und optimiert den Rechner. Das dauert zwischen zwei und zehn Minuten.

❸ Alternativ zur Ein-Klick-Lösung können Sie die einzelnen Bereiche manuell optimieren. Dabei hat sich folgende Vorgehensweise bewährt: Wechseln Sie zuerst in den Bereich *Windows*, und klicken Sie auf *Tuning*.

Wählen Sie im Feld *Cache-Optimierung*, über wie viel Arbeitsspeicher Ihr Computer verfügt. Sind zum Beispiel 2 GB (das entspricht 2 048 MB) Arbeitsspeicher eingebaut, aktivieren Sie den Eintrag *Computer mit 2.048+ MB RAM*. Bestätigen Sie die Auswahl mit einem Klick auf *Übernehmen*.

Info: Nützliche Helfer inklusive. Neben den Optimierungsoptionen bietet TweakPower nützliche Zusatzwerkzeuge zum Entrümpeln der Festplatte, zum Aufteilen oder Verschlüsseln von Dateien. Praktisch ist auch der *Datei-Shredder* für sicheres Löschen. Alle Zusatzprogramme sind im Bereich *Tools* zusammengefasst.

❹ Anschließend wechseln Sie in den Bereich *CleanCenter* und klicken auf *Überflüssige Dateien*. Mit einem Klick auf *Weiter* schicken Sie TweakPower auf die Suche nach doppelten und überflüssigen Dateien. Sobald die Suche abgeschlossen ist, erhalten Sie eine Übersicht, wie viel Speicherplatz die überflüssigen Dateien belegen. Um die Dateien zu löschen und Speicherplatz zu gewinnen, klicken Sie zweimal auf *Weiter*.
❺ Anschließend klicken Sie im Bereich *CleanCenter* auf *Registrierung säubern*. Hier entrümpeln Sie die Registrierdatenbank

von Windows, in der das Betriebssystem und alle Anwendungsprogramme Konfigurationseinstellungen speichern. Mit der Zeit sammeln sich hier überflüssige und fehlerhafte Datenbankeinträge an, die den Rechner langsamer machen. Um die Registrierdatenbank aufzuräumen, wählen Sie die Option *Vollständige Prüfung* und bestätigen die nächsten Fenster mit *Weiter*.

Die Optimierung des Rechners ist damit abgeschlossen. In den anderen Programmbereichen können Sie weitere Einstellungen vornehmen und zum Beispiel die Darstellung der Symbole anpassen oder die Elemente des Startmenüs verändern. Damit wird der Rechner nicht schneller, sondern nur optisch verändert. Ein Blick in die anderen Bereiche des Optimierungsprogramms lohnt sich aber allemal.

Spiele für den PC

Lust auf ein Spielchen zwischendurch? Kein Problem. Mit den richtigen Programmen wird aus dem Computer eine kleine Spielekonsole. Im Internet gibt es kostenlose Spiele in Hülle und Fülle. Auch Klassiker wie Yahtzee (Kniffel), Sudoku und Wissensspiele sind mit dabei. Wie das Würfeln und Püppchenziehen am Bildschirm funktioniert, zeigt dieses Kapitel.

Die Messlatte: Kommerzielle Spiele

Der Computer ist nicht nur zum Arbeiten da. Mit PC-Spielen wird aus dem Rechner eine Spielemaschine. Das Angebot ist riesig. Die Palette reicht von Abenteuer-, Sport- und Strategiespielen über Rennsimulationen und Lernspielen bis zu Denk- und Logikspielen.

Die Preise bewegen sich zwischen circa fünf Euro für ältere Spiele und 60 Euro für brandneue Titel. Zu den bekanntesten Spieleherstellern gehören folgende Anbieter:

- **Activision** (www.activision.de)
- **Atari** (www.atari.de)
- **Electronic Arts** (www.electronic-arts.de)
- **JoWood** (www.jowood.de)
- **Microsoft** (www.microsoft.com/germany/games)
- **Sega** (www.sega.de)
- **Ubisoft** (www.ubisoft.de)

Bei großen Anbietern wie Electronic Arts gibt es Spiele für jeden Geschmack und jede Altersklasse.

Die meisten Spiele erhalten Sie im Fachhandel oder über Internethändler wie Amazon (www.amazon.de). Das Spiel wird auf einer CD-ROM oder DVD geliefert und über ein Installationsprogramm auf dem Computer installiert. Viele Spiele gibt es auch als Downloadversion: Sie kaufen das Spiel im Internet und laden es nach dem Kauf über das Internet herunter. Sobald der Ladevorgang abgeschlossen ist, wird es direkt installiert. Handbücher oder Verpackungen gibt es bei dieser Kaufvariante nicht. Bei folgenden Downloadanbietern finden Sie eine große Auswahl herunterladbarer PC-Spiele zu Preisen zwischen fünf und 50 Euro; kleinere Spiele oder ältere Titel gibt es oft sogar kostenlos:

- **Gamesload** (www.gamesload.de)
- **Gamer Unlimited** (www.gamer-unlimited.de)
- **Steam** (www.steampowered.com/v/index.php?l=german)
- **Direct2Drive** (www.direct2drive.com, in englischer Sprache)

Bei Anbietern wie Gamesload (www.gamesload.de) kopieren Sie Spiele direkt aus dem Internet auf den Computer.

Die Windows-Spiele Solitär und Co.

Für ein kurzes Spielchen zwischendurch müssen Sie keine kommerziellen Spiele kaufen oder herunterladen. Bei den Betriebssystemen Windows XP und Windows Vista ist bereits eine Handvoll Spiele mit an Bord. Sie finden die Gratisspiele im Menü *Start* | *Alle Programme* | *Spiele*. Folgende Spiele stehen zur Auswahl:

	Chess Beim Klassiker Chess (englisch für *Schach*) bzw. Chess Titans bei Windows Vista entspannen Sie bei einer Schachpartie gegen den Computer oder einen anderen Mitspieler.
	Freecell Ein beliebtes Patience-Spiel (*patience* = französisch für *Geduld*), bei dem aus zwei virtuellen Kartenspielen zu je 52 Karten die Karten nach bestimmten Regeln neu sortiert werden müssen. Ein schönes Kartengeduldspiel, das Denkvermögen und Kombinationsfähigkeit fördert.
	Hearts bzw. Internet-Hearts Das Kartenspiel Hearts ist eine Variante des Klassikers Schwarze Katze und wird mit bis zu vier Spielern und einem französischen Blatt ohne Joker gespielt.
	Ink-Ball Bei Ink-Ball wandert eine Kugel durch ein Labyrinth, und Sie müssen sie geschickt zum Ziel führen. Als einziges Hilfsmittel steht Ihnen ein Tintenfüller zur Verfügung, mit dem Sie Barrieren und Hindernisse auf die Spielfläche malen. Je geschickter, desto schneller landet die Kugel im Ziel.
	Mahjong Bei diesem Mahjong-Spiel – nicht zu verwechseln mit der echten Mahjong-Variante aus China – müssen aus einem Stapel von Mahjong-Steinen immer zwei gleiche freie Steine entfernt werden, bis der Stapel komplett abgebaut ist.
	Minesweeper Bei Minesweeper (Minensucher) müssen Sie verdeckte Spielfelder aufdecken, ohne dabei die Mine zu treffen.

Purble Place
Am Purble Place werden die Kleinen ihre Freude haben. Hier gilt es, ein lustiges Memory zu lösen, knallbunte Kuchen zu backen oder einer Comicfigur das witzigste Gesicht zu verpassen. Ein lustiges Kinderspiel, das auch Erwachsenen unterhaltsame Abwechslung bietet.

Solitair
Ähnlich wie FreeCell ist Solitär ein Kartengeduldspiel (Patience), ähnlich dem Klassiker Klondike.

Spider-Solitär
Eine weitere Variante des Patiencespiels Solitär.

Internet-Backgammon und Dame
Diese beiden Computervarianten der Brettspielklassiker gibt es nur bei Windows XP. Über das Internet können Sie Backgammon und Dame weltweit gegen echte Personen spielen.

Internet-Spades
Ebenfalls nur bei Windows XP dabei: Eine Mischung aus den Kartenspielen Doppelkopf, Bridge und Skat, bei der vier Mitspieler um Trümpfe kämpfen. Im Internetmodus spielen Sie über das Internet gegen echte Mitmenschen.

Pinball
Die Simulation eines klassischen Flippers aus den 1980er-Jahren. Space Cadet gibt es ebenfalls nur bei Windows XP.

Kostenlos spielen im Internet

Wem die bei Windows mitgelieferten Gratisspiele nicht reichen, der findet im Internet viele weitere kostenlose Spiele. Meist handelt es sich dabei um Browser- oder Onlinespiele, die über das Internet innerhalb des Browserfensters, also zum Beispiel im Internet Explorer gespielt werden. Das Spiel wird nicht auf dem Computer installiert, sondern läuft komplett im Fenster des Internetbrowsers – im Gegensatz zu Spielen zum Herunterladen, die zuerst auf dem Computer installiert und dann über die Start-Schaltfläche gestartet werden. Eine Auswahl guter kostenloser Onlinespiele finden Sie auf folgenden Internetseiten:

- **Gamesload** (www.gamesload.de)
- **Jetztspielen** (www.jetztspielen.de)
- **Spielen.de** (www.spielen.de)
- **Coole Spiele** (www.coolespiele.com)
- **Zylom** (www.de.zylom.com)
- **Pausenspiele** (www.pausenspiele.net)
- **Yahoo Spiele** (de.games.yahoo.com, ohne „www.")

Bei Anbietern wie Jetzspielen finden Sie eine große Auswahl kostenloser Spiele.

Das Prinzip der Onlinespiele ist bei fast allen Anbietern gleich. Auf der Internetseite wählen Sie per Mausklick eines der kostenlosen Spiele aus. Mit einem Klick auf *Starten* oder *Starte Spiel* wird im Internet Explorer das Spielbrett geladen, und es kann sofort losgehen.

So geht's: Wie einfach das Spielen im Internet ist, zeigt ein Beispiel. Beim Spieleanbieter Gamesload können Sie über das Internet kostenlos Sudoku und viele andere Klassiker spielen. Gehen Sie dazu wie folgt vor:

❶ Starten Sie den Internet Explorer (*Start* | *Alle Programme* | *Internet Explorer*) oder einen anderen Internetbrowser, und rufen Sie die Internetseite www.gamesload.de auf.

❷ Klicken Sie in der linken Navigationsspalte im Bereich *Free Games* (englisch für *Kostenlose Spiele*) auf *Startseite Free Games*.

❸ Im unteren Bereich der Seite klicken Sie im Kasten *Denkspiele* auf *Sudoku*.

❹ In einem neuen Fenster erscheint daraufhin die Sudoku-Spielfläche. Klicken Sie auf *Anklicken zum Spielen*, um das Spiel zu starten.

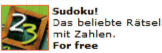

Das Prinzip ist einfach: Sie müssen das vorgegebene Zahlenraster so ausfüllen, dass in jeder Reihe, Spalte und in jedem 3x3-Feld die Zahlen von 1 bis 9 nur jeweils einmal vorkommen. Zum Ausfüllen klicken Sie zuerst links auf die gewünschte Zahl und anschließend auf das entsprechende Zahlenfeld auf dem Spielfeld. Viel Vergnügen.

Neben Sudoku gibt es im Gratisbereich von Gamesload weitere gute kostenlose Spiele, empfehlenswert sind beispielsweise folgende:

Trivial Pursuit Genus Edition, eine Internetvariante des Wissensspiels Trivial Pursuit

Stadt, Land, Fluss

Yahtzee, eine Variante des Würfelspiels Kniffel

Word Mojo, ein interaktives Kreuzworträtsel

Brain Builder (Gehirntrainer), eine Sammlung interessanter Logikspiele zur Förderung des Denkvermögens.

Stichwortverzeichnis

Symbole
1-Klick-Optimierung 177
@-Zeichen 134

A
AAC 124
AbiWord 58
Absturz 56
ActiveX-Steuerelement 24
Ad-Aware 34
Adressbuch 135
Adware 29
Album, Foto 80
Antischnüffel-
    programme 29
Antispywareprogramm 29
AntiVir 25
Antivirenprogramm 23
Antivirenspezialist 23
Antwort, E-Mail 138
Anzeigeprogramm für
    Internetseiten 7
Apple 11
Apple iPods 127
Arbeitsspeicher 177
Arbeitstempo 168
Arbeitszeiterfassung 60
Ashampoo Firewall Free 22
Audio-CD brennen 125
Audio-CD kopieren 109
Aufgaben 141
Aufhellen 81
Aufräumen 167
Ausrichtung, Foto 82

B
Backup 158, 161
BCC 135
Bedienerfehler 56
Bedingung, in Formeln 66
Belichtungsfunktionen 81
Benzinverbrauch 60
Berechnen 64
Berechnungen 38
Beschleunigung 168
Beta 175
Betreff 135
Bildausschnitt 82
Bildbearbeitung 74
Bilder verwalten 76
Bildfehler 81
Bitdefender 23
Blind Carbon Copy 135
Bootvorgang 176
Brain Builder 187
Brennen 96, 104, 121
Brenner 121
Brennliste 124
Brennprogramm 104
Brettspiele 185
Briefe 38, 44
Browser 7
Burn4Free 127

C
Cache-Optimierung 177
Carbon Copy 135
CC 135
CCleaner 156
CD
    brennen 125
    einlesen 109
    Hüllen 44
    importieren 110
    kopieren 109
    Rohlinge 121
CDBurnerXP 121
CD/DVD-Brenner 121
Chess 184
Chess Titans 184
CIB pdf brewer 14
CleanCenter 178
Collagen 91
Computervirus 22
Cookies 157
Copernic Desktop
    Search 146
Copy Control 109

D
Datei
    defekte 169
    gelöschte 154
    überflüssige 156, 178
    Wiederherstellung 155
Dateiendungen
    doc 40
    ppt 40
    xls 40
Dateiformate 40
Dateifragmente 171
Dateireste 169
Dateisystemfehler 170
Daten-CD brennen 123
Datenschnipsel 157
Datenträger 169
Datenverlust 56, 158
Daten-Zusammen-
    stellung 123
Defender 34
Defragmentier-
    programm 171
Defragmentierung 171
Denkspiele 187
Desktopsuch-
    maschine 146, 150

Stichwortverzeichnis

Diagramm 70
Dialer 35
Diaschau 87
Digitalkamera 79
DIN-Brief 48
Dokumente, zuletzt benutzte 56
Downloadversion 183
Drucken 57
    Fotos 94
Drucker 57
DVD-Rohlinge 121

E
Effekte, Foto 84
Eigene Musik 108
Eindringlinge 32
Ein-Klick-Optimierung 177
Einladungen 38
E-Mail 130
    abrufen 138
    Konto einrichten 133
    Programm 39, 130
    Programm, kostenlos 132
    Werbung 139
Etiketten 44

F
Farbe 81
Farberhaltung 86
Farbfilter 86
Farbsättigung 86
Farbstiche 81
Farbtemperatur 84
Farbverlauf 86
Fehlerbehebung 168
Fehlerhafte Sektoren 170
Fehler suchen 157
Fehlerprüfung 169
Festplatte 169
    Ausfälle 169
    entrümpeln 178
    Lücken 171
    Prüfprogramm 169

Filmkörnung 85
Finalisieren 124
Firefox 8
Firewall 18
Flash 15
Flipper 185
Folienpräsentationen 39
Formatieren 51
Formeln 63
Formulare 44
Foto
    aufhellen 81, 83
    Ausrichtung 82
    Collagen 91
    drucken 94
    Effekte 84
    Farbe 81
    Farben 81
    Farbstiche 81
    Feinabstimmung 83
    Größe anpassen 95
    Highlight 83
    importieren 78
    Kontrast 81
    Körnung 85
    markieren 80
    optimieren 81
    Sättigung 86
    Schärfe 85
    Schatten 83
    Schein 86
    Schwarz-Weiß-Fokus 86
    sichern 96
    veröffentlichen 88
    zuschneiden 82
Fotoablage 81
Fotoalbum 79
Fotoarchiv 79
Fotosammlung 76
Fotostapel 93
Fragmente 157, 171
Fragmentierung 171
Freecell 184
Frühjahrsputz 156, 167

G
Gamesload 187
Gehirntrainer 187
Gelöschte Datei 153, 154
Gimp 97
Google Desktop 152
Google Picasa 75
Gratisvirenscanner 25
Größe 51
Grünfilter 86

H
Hardwarefehler 169
Hauptdateitabelle 174
Hearts 184
Hypothekendarlehen 60

I
Immunisieren 32
Index 147
Indexdienst 150
Indexierstatus 147
Indizierungsoptionen 151
Ink-Ball 184
Inkonsistenzen 158
Intelligente Wiedergabelisten 114
Internetalbum 88
Internet-Anzeigeprogramm 8
iPod 127
IrfanView 99
iTunes 105

J
Junk 139
Junk-Filter 140

K
Kalender 141
Kalkulation 60
Kartengeduldspiel 185
Kartenspiele 184
Klondike 185
Kniffel 187

Komplettdatei 172
Konfigurationseinstellungen 178
Kontrast 81
Kopierschutz 109
Korrespondenz 48
Kredite 60
Kreuzworträtsel 187

L

Lightning 141
Linux 23
Logikspiele 187
Löschen rückgängig machen 153
Lotus Presentations 71
Lotus Spreadsheets 71
Lotus Symphony 71

M

Mac 23
Mahjong 184
Markieren, Textbereich 50
Markierte Fotos 80
Master File Tabelle 174
MediaMonkey 127
Media Player 105
Mediathek 109
Medienbibliothek 108, 118
Microsoft Office 38
Microsoft Outlook 130
Minesweeper 184
Mittelwert-Funktion 67
Motivprogramme 81
Mozilla Firefox 9
Mozilla Thunderbird 132
MP3 124
    CD brennen 123
    Player 127
    Spieler 105
MPEG-Layer-3-Audio 124
Musik 108
Musikanbieter 104
Musik-CD
    brennen 125
    kopieren 109
Musikkaufhaus 105
Musikordner 108
Musikprogramm 104
Musiksammlung 111
Musikverwaltung 105
Musterbeispiele 44
Mustervorlagen 46

N

Nero 104

O

Office-Pakete 37
OggVorbis 124
Online-Fotoalbum 88
Onlinespiele 186
OOo-Extension 45
OpenOffice 40
OpenOffice.org Writer 43
OpenOffice Writer 46, 56
Opera 11, 143
Opera Mail 143
Optimierung, Festplatte 172
Optimierungsprogramme 168, 174
Orthografie 52
Outlook 39, 130
Outlook Express 131

P

Paint.NET 98
Papierkorb 152, 157
Passwort-Manager 138
Patience-Spiel 184
PDF
    Dateien selbst erstellen 14
    Dokumente 13
    Format 13
Pegasus Mail 143
Photoshop 74
Photoshop Express 98
Picasa 75
Pinball 185
Playlists 119
Postausgangsserver 133
Posteingangsserver 133
Präsentationen 44
Präsentationsprogramm 39
Presentations 71
Privates Surfen 12
Programmabstürze 169
Protokolldateien 157
Prüfen, Festplatte 169
Prüfprogramm 170
Purble Place 185

Q

QuickTime-Format 16

R

RAM 177
Reader 13
RealPlayer 16
Rechnungen 44
Rechtschreibprüfung 52
    E-Mail 136
Rechtschreibung 52
Recuva 154
Regenschirmsymbol 26
Registrierdatenbank 157, 178
Registrierung 178
Registry 157
Reply 138
Rettungsprogramm für Dateien 154
Rohlinge 121
Rückgängig machen 51

S

Safari 11
Schach 184
Schadfunktionen 23
Schnüffelprogramme 28
Schnüffler 28, 29
Schreibmarke 48

Stichwortverzeichnis

Schreibmaschine 46
Schrift 51
Schrifteffekt 68
Schriftgrad 68
Schriftgröße 51
Schutzprogramm 19
Schwarze Katze 184
Schwarz-Weiß-Fokus 86
Schwarz-Weiß-Foto 85
Seitenansicht 58
Sektoren, fehlerhafte 170
Sepia-Effekt 85
Shockwave 15
Sicherheitskopie 95, 158,
 161, 176
 lagern 164
 Zeitplan 164
Sicherheitspakete 17
Sichern, Fotos 96
Sicherungsprogramm 160
Solitär 185
Spam 139
Spamfilter 131, 139, 141
Speicherabbilder 157
Speicherkarte 153
Speichern 56
Speichern, Dokumente 55
Spiele 181
Spieleanbieter 186
Spielehersteller 182
Spiele, Windows 184
Spion 28
Spionageprogramm 28, 29
Spitzel 29
Spreadsheets 71
Spybot – Search &
 Destroy 29
Spyware 28, 29
Standardbriefe 46
Standardprogramme 10
Standardwebbrowser 10
Startoptionen 175
Stil 51
Stromausfall 56
Suchindex 147, 149

Suchmaschine 146
Suchprogramm 146
Sudoku 187
Sunbelt Personal
 Firewall 22
Sun Microsystems 40
S/W-Filter 85
Symphony 71
SyncBack 159
Systemabstürze 169
Systemwiederherstellungs-
 punkt 176

T

Tabelle anlegen 60
Tabellendokument 61
Tabellenkalkulation 38, 60
Templates 45
Tempobremsen 168
Termine 141
Textverarbeitung 38
Textverarbeitungspro-
 gramm 46
Thunderbird 131, 132
Tiefenscan 155
T-Online 133
Trivial Pursuit 187
TuneUp Utilities 168
TweakPower 174

U

Überflüssige Dateien 156
Un-CDs 109

V

Viren 22
Virendatenbanken 26
Virenscanner 23
Virenschutz 27
Virenschutzpro-
 gramm 23, 25
Volumeinformation 172
Vorlagen 44, 47

W

Webalbum 88
Weichzeichner 86
Weiflabgleich 84
Werbung 139
Wiedergabeliste 114, 115,
 119
Wiederherstellen 155
Wiederherstellungs-
 punkt 176
Winamp 116
Windows Mail 131
Windows Media Player 105
Windows-Optimierung 174
Windows Search 4 152
Windows-Spiele 184
Windows-Suchdienst 150
WMA 124
Word 38
Word Mojo 187
Wörterbuch 49, 54, 136
Writer 43, 46

X

XnView 100

Y

Yahoo! Desktop Search 151
Yahtzee 187

Z

Zeilenumbruch 62
Zeitplan, Sicherheits-
 kopie 164
Zimmermann, Kurt 174
ZoneAlarm 19
Zugangsdaten, E-Mail 134
Zuletzt benutzte
 Dokumente 56
Zuschneiden, Foto 82
Zwischenablage 157

Impressum

Herausgeber und Verlag
Stiftung Warentest
Lützowplatz 11–13
10785 Berlin
Tel. 0 30/26 31-0
Fax 0 30/26 31-25 25
www.test.de

Vorstand
Dr. jur. Werner Brinkmann

Weitere Mitglieder der Geschäftsleitung
Hubertus Primus
(Publikationen)
Dr.-Ing. Peter Sieber
(Untersuchungen)

Autoren
Jörg Schieb
Mirko Müller

Lektoratsleitung
Dr. med. vet. Ines George

Lektorat
Uwe Meilahn
Horst-Dieter Radke

Korrektorat
Stefanie Barthold

Layout
Harald Müller, Würzburg

Produktion
Harald Müller, Würzburg

Bildnachweis
Mirko Müller (Screenshots); iStockphoto: Jacob Wackerhausen (S. 3), Tan Kian Khoon (S. 6/7), Alexandr Tovstenko (S. 36/37), MH (S. 72/73), Simon Smith (S. 102/103), Feng Yu (S. 128/129), Kutay Tanir (S. 144/145), Carole Gomez (S. 166/167), Michael Fernahl (S. 180/181)

Titel
Anne-Katrin Körbi
Foto: Bob Barkany (Getty Images)

Verlagsherstellung
Rita Brosius

Druck
Rasch Druckerei & Verlag GmbH, Bramsche

Einzelbestellung Stiftung Warentest
Vertrieb, Postfach 81 06 60
70523 Stuttgart
Tel. 0 180 5/00 24 67
(14 Cent pro Minute aus dem Festnetz)
Fax 0 180 5/00 24 68
(14 Cent pro Minute aus dem Festnetz)

www.test.de

Redaktionsschluss:
September 2008